BLOCKCHAIN

区块链时代

数字货币意味着什么

周晓垣 ■ 著

天津出版传媒集团
天津人民出版社

图书在版编目（CIP）数据

区块链时代：数字货币意味着什么 / 周晓垣著 . -- 天津：天津人民出版社，2018.11

ISBN 978-7-201-14228-9

Ⅰ . ①区… Ⅱ . ①周… Ⅲ . ①电子商务—支付方式—研究 Ⅳ . ① F713.361.3

中国版本图书馆 CIP 数据核字 (2018) 第 245359 号

区块链时代：数字货币意味着什么

QUKUAILIAN SHIDAI SHUZIHUOBI YIWEIZHE SHENME

周晓垣　著

出　　版　天津人民出版社
出 版 人　黄　沛
地　　址　天津市和平区西康路 35 号康岳大厦
邮政编码　300051
邮购电话　（022）23332469
网　　址　http://www.tjrmcbs.com
电子信箱　tjrmcbs@126.com

责任编辑　谢仁林
装帧设计　崔　欣

制版印刷　艺堂印刷（天津）有限公司
经　　销　新华书店
开　　本　710×1000 毫米　1/16
印　　张　17
字　　数　208 千字
版次印次　2018 年 11 月第 1 版　2018 年 11 月第 1 次印刷
定　　价　68.00 元

前言

关于货币，我们每一个人都不陌生，因为它是和我们的生活密切相关的物品。随着社会和科技的发展，我们使用的物品在不断更新，货币也不例外，从有人类以来的几千年中，货币进行了多次更新迭代。进入 21 世纪的互联网信息时代，货币也进入了数字时代。

但很多人虽然置身于这个互联网信息时代，并且时时刻刻使用货币，却对什么是数字货币一无所知。还有一部分人知道数字货币，却只是知其然却不知其所以然。当我们每个人在使用银行卡、支付宝、微信支付时，却很少有人意识到，一场全球性金融革命正在如火如荼地展开。

这场金融革命的导火索，就是数字货币。

那么，究竟什么是数字货币？它会给人们的生活带来怎样的影响？又会在金融界引起怎样的动荡呢？

数字货币包括很多种，比特币、以太坊币、狗狗币、泰达币，等等。每一种数字货币都有各自的特点，有各自的制造者和平台。在这些平台上，数字货币的制造者有各自的运行法则。他们发行数字货币，投资者们则投资数字货币。在这些交易中，数字货币流通起来。

但无论数字货币的制造者们的运行法则有多么的五花八门，背后的机制却大同小异，都是以区块链作为技术支撑。那么，区块链又是什么呢？

说到区块链，就必须提到去中心化、智能合约、公有链、私有链、分布式互联网协议，等等。这些概念对于大家来说，是非常陌生的。但想要熟悉并使用数字货币，就必须对这些概念有所了解。

想要对数字货币进行投资和使用，还有一个关键环节不能避开，那就是政府监管机制。面对新兴的、去中心化的数字货币，政府和银行是什么态度？他们会采取怎样的措施？这些都是在进入数字货币行业的人们不得不明白的问题。

在本书中，无论是概念，还是问题，作者都做了详细的梳理和介绍。只要你详细阅读本书，就能成为一名数字货币行家，并在掌握政府方向的前提下，娴熟地运用它……

目 录

第三章

下一场金融革命——区块链

第四章

数字货币盘点

第五章

数字货币面对的挑战

第六章

数字货币的发展现状

第七章

区块链的应用

第八章

空气币——资本与贪婪的狂欢

第一章

数字货币横空出世

从贝壳到铜钱，从“交子”到银元，从人民币到银行卡，从支付宝、微信支付到数字货币，中国的货币形态经历了数千年的变化。在21世纪，数字货币横空出世，并将引领一场全球性的金融革命，你准备好了么？

第一节 从贝壳到数字货币

对于货币，我们每个人都不陌生。我们的衣、食、住、行都离不开货币。古人有云：“人为财死，鸟为食亡。”汉代史学家司马迁也曾说过：“天下熙熙，皆为利来；天下攘攘，皆为利往。”在现代社会，我们评价一个人是否成功的标准之一也是他对货币的拥有量。斯坦福大学神经系统科学家布莱恩·克努森曾经说过：“货币让人发狂。食物对狗产生刺激，货币对人产生刺激。”

货币是人类进行商品交换的产物。中国是世界上最早使用货币的国家之一。《诗经·氓》中的“氓之蚩蚩，抱布贸丝。匪来贸丝，来即我谋。”就描写了我国古人以物换物的商业交流的场面。在古代社会，社会分工和科学技术的发展促进了生产力的发展，而这又大大促进了商品生产和商品交换的扩大，从而促进了古代货币的产生和发展。在人类历史上，每一次货币的衍变都是一次划时代的革命。

一、货币 1.0 时代：原始货币

在原始社会，人们常常以物易物，用自己拥有的物品和别人交换自己需要的物品。在这里，交易的雏形初现。比如：

A 的一头羊——→B 的 5 只鸡

A 想吃鸡肉，但他家里只有羊而没有鸡，怎么办呢？于是，A 就牵着一头羊去 B 那里换了一只鸡。换了两次，A 的心里就有点儿不平衡了。他想："他的鸡那么小，一顿就吃完了。我的羊那么大，能吃好几天。"于是，A 重新和 B 进行谈判。他提出用一头羊换 B 的 5 只鸡。B 同意了。

A 的一头羊→B 的 5 只鸡→C 的一把斧头

有一天，A 去山上砍柴，结果把自己的斧头弄丢了，重新打造一把费时也费力。于是，A 来到 B 的家里，提出愿意用一头羊换 B 一把斧头。B 说他家里只有一把斧头，这把斧头还是上次从 C 那里用 5 只鸡换的。A 忽然想到一个好办法，既然 B 能用鸡换到斧头，那自己也可以用羊从 C 那里换到斧头。

> 于是，A牵着一头羊，来到C家里，并向他说明了来意。但是C说，自己不喜欢吃羊肉，只喜欢吃鸡肉，所以没办法和A换斧头。
>
> A牵着羊，垂头丧气地回到家里，经过一番思考，他又想到一个好办法。既然C喜欢吃鸡肉，那么自己就把羊换成鸡就好了。于是，A来到B家里，用自己的一头羊换了他的5只鸡。然后，A带着5只鸡，又来到C家里，和他换了一把斧头。

在以上这两个案例中，人们之间的物物交换已经由最初的二人交换变成了一个稍微复杂的三人交换。

后来人们发现，很多人都爱吃羊肉，于是大家纷纷拿羊去换自己需要的东西。而家里没有羊的人，则会去A那里用自己的物品和他换成羊，再去换自己所需要的物品。于是，羊就成了他们那里的一般等价物。

不过，过了一段时间，人们在交易过程中，又出现了新的问题，因为A养的羊有大有小，人们都愿意要大羊，而不愿意要小羊。而且，别人用来交换的东西，A也不是都需要，有时候要换到自己需要的东西，需要经过多次物物交换。针对这一问题，大家又想到一个解决办法，即用一个性状固定，便于保存，大家又都可以接受的东西作为一般等价物。通过协商，人们最终选定了便于携带和计数的贝壳。于是，贝壳就成了最原始的货币。在中国汉字中，凡是和价值有关的字，大都从“贝”。

夏、商、西周时期，流通较广的实物货币是天然贝，一直沿用到春秋时期。

二、货币 2.0 时代：金属货币

随着物物交换规模的不断扩大，贝币的流通数量日渐增大，而天然贝的资源又非常有限，于是，货币的发展又遇到了新的问题和挑战。作为完美的一般等价物，需要具备这几个方面的条件：

（1）性状稳定——这是一般等价物的前提，这样才能保证它可以长久地保存下去，不会轻易就损坏掉。

（2）便于携带——作为一般等价物，一定要便于携带。如果体积太大，会导致交易成本增高。

（3）便于分割计量——作为一般等价物，一定要便于分割计量。

（4）稀缺性——为了防止别人随随便便就可以弄到手，一般等价物一定是十分稀缺的物品。

人类经过长期的实践和探索，终于发现金、银、铜等贵金属比较符合一般等价物的定义。贵金属性状稳定，不容易变质；容易携带；质地较软，可以铸形，且易于分割；数量有限，价值高。随着冶炼技术的进步，以及金、银、铁、锡等金属的发现，为金属铸币创造了条件。之后，人类开始大规模使用金属货币，贝壳这种自然货币渐渐退出了人类货币史的舞台。古代货币最终完成了由自然货币向人工货币的重大演变。

从此，人类货币史进入了一个新的发展时期，金属货币也成为封建社会时期使用时间最久的货币。为了保证交易的公平，人们用固定重量的金属锚定各类商品的价格，每次交易的时候都带着一杆秤，要称其重量，估其成色，因此，人们把当时的金属货币叫作“称量货币”，例如五铢钱的“铢”就是重量单位。

不过，随着社会的发展和商品交易规模的扩大，人们发现，称量货币在交易过程中仍然很不方便。随着商人阶层的出现，一些有着较好信誉的商人就在货币金属块上打上印记，标明其重量和成色，以便于流通，于是出现了最初的铸币，也就是私人铸币。

当商品交换的规模进一步扩大后，人们对金属块的重量和成色的权威性就有了更高的要求。于是，国家就介入到了货币管理中，并利用其权威和政治权力，开始在全国范围内铸造货币。于是，市场上出现了具有规定重量和成色的、铸成一定形状的国家铸币。

公元前 221 年，秦始皇统一中国，统一了度量衡、文字、货币等，把货币型制确定为“方孔圆钱”。“方孔圆钱”俗称制钱，此后在中国一直流通了两千多年。

三、货币 3.0 时代：纸质货币

随着人类社会生产力水平的提高，商品交易规模的进一步扩大，金属货币使用和携带起来极为不便，于是，人们又发明了一种可以替代一般等价物的代表物（代币），如银票。人们把银子存到银号，银号会开出一张凭证（银票）。渐渐地，银票开始在市场上履行货币的职能。

不过，银票并不是一种单独的货币，它只是金属货币的代表物，人们用银票可以提取金属货币，类似存款凭证，属于一种债权。至此，所谓的记账货币的雏形终于出现了。

直至最后，人们发现，即使这一金属的代表物完全脱离其所代表的金属，也是可以充当货币的，只要人们都接受它。于是，完全没有商品支撑的纸质货币出现了。现今，世界各国的通行货币都是由国家发行的纸质货币。

在大约1000年前的宋代，中国人薛田发明了“交子纸币”，第一次出现了国家形式的纸币，这是世界货币发展史上的一个重要里程碑，从此开始了以国家信用为担保发行纸币的时代，人类货币由此进入了发行和使用纸币的阶段。直到现在，纸质货币仍是当今世界各国广泛使用的货币形式。

四、货币 4.0 时代：数字货币

科技不仅改变了人类的生活，也改变了人类的思想和行为方式，随着当今人类科技的不断发展，数字货币时代已经来临。

1915年，银行卡诞生于美国。现在，随着科学技术的发展，电子钱包、电子现金、电子货币、数字货币渐进呈现。在现代科学技术手段下，货币转化为一系列数字，人们对于电子货币和数字货币的认可，来源于信任。因为只有债权人相信债务会得到偿还，欠条才是有价值的。在21世纪，人们的这种信任不仅建立在政府的权力上，还建立在银行体系的相互支持上。

在当今全球经济一体化的进程中，著名经济学家哈耶克在《货币的非国家化》中建议，废除中央银行制度，允许私人发行货币竞争。在2009年（这是哈耶克诞辰110年），一种加密数字货币——比特币出现了。2013年10月以后，由于比特币价格的暴涨引起了全世界对加密数字货币的广泛关注。

加密数字货币所依据的就是区块链技术——区块链是金融科技的一个重要领域，引领货币发展从个人信任、制度信任进入到去中心化的时代。

数字货币有三个特点：去中心化的数据库、分布式记账和离散化支付。数字货币通过分散的用户网络和确定的计算机协议来维持，所有发生过的行为都会被记录下来，并且不能篡改，去中心化的特点完美地弥补了基于信任而产生的各种货币问题。

目前最流行的数字货币是比特币。除了比特币以外，还有瑞波币（Ripple）、恒星币（Stellar）、莱特币（Litecoin）、以太币（ETH）等数字货币。

从贝壳到比特币，人类的货币形式经历了漫长的发展历史。数字货币将是未来人类社会的主要货币形式。在数字货币的发展趋势面前，人们只有拥有开放的心态，充分学习和使用新的货币知识，才能搭上这趟未来的财富专列。

第二节 数字货币与黄金

一、数字货币 VS 黄金

自古以来，黄金在人类的货币流通体系中都扮演着重要角色，与白银并称为全球货币流通的硬通货。为何千百年来黄金一直备受人们的重视与瞩目，被认为是最有价值的物品，黄金作为货币具有哪些“得天独厚”的优势呢？下面我们做一下简要的分析。

1. 黄金的三个特性

首先，“物以稀为贵”，黄金的产量稀少即注定了其单量价值高。据研究显示，目前全球开采出来的黄金总量只有 14 万吨，而地质储备量只剩下7万吨不到。与白银、铜等其他贵金属相较而言，黄金的储备量非常稀少。

其次，黄金的物理属性柔软，便于交易分割。作为货币流通的主角，黄金易于分割成质地非常好的小块，非常适宜扮演市场交易货币的角色，而且也能够满足人们收藏与穿戴的需要。

最后，黄金的化学性能稳定且难以伪造，这个特点也增强了黄金的不可替代性与储藏价值。

然而，在当今飞速发展的时代，随着互联网、电子商务的兴起，数字货币开始走进了人们的视野，许多商人学者开始将其与黄金一并而论，尤其是曾辉煌一时的比特币，甚至被赋予了数字货币的“黄金”称号。

数字货币真的可以比拟黄金吗？为什么有些人会认为数字货币是虚拟且毫无价值的，而有些人将其与黄金相提并论？又是什么让数字货币走上了金融市场的舞台？

在支持者们看来，数字货币也同样具备了黄金的三个特性。

2. 数字货币类似于黄金的三个特性

首先，稀缺性。例如比特币的全球发行限量只有2100万个，由于限量发售而导致数字货币往往不会因为其虚拟性而出现市场贬值，并且维持在价格高位，这一点数字货币的确非常符合黄金“稀缺性”的特点。

其次，黄金的化学性能稳定与伪造难度大的特点，数字货币也能满足，例如你无法通过其他算法计算出比特币，由于数字货币产生根源是函数的特定解，故而也具有难以伪造的特性。

最后，是便于交易，可以随市场变化而变化的特性。还是以比特币为例，比特币在最初流入市场时价格较低，甚至有人曾经用两万个比特币购买一个披萨，但随着比特币的市场价格不断上涨，人们开始拆分交易，这也与黄金的相关特性相似。

那么数字货币是否可以与黄金等同呢？笔者认为二者确实有相似之处，但从本质上来讲又并非完全一样。

3. 数字货币和黄金的不同点

即使曾入局加密数字货币市场的高盛都认同了比特币与黄金相同的观点，但数字货币本质上毕竟是虚拟的代码与算法，其价值与流通主要依赖于市场与人们的追捧，依托于区块链技术发展，数字货币没有政府的信用背书，这也导致其不能获得人们长久稳定的支持与认可。

黄金则不同，作为实体的自然物质与优质金属（例如，许多电子产品都采用黄金镀膜来保证其产品的良好性能），黄金不仅仅具有实实在在的稳定价值，更是得到了世界的认可与保护，将其价值运用到金融领域中可以代表一个国家的综合实力。

但不管怎样，作为互联网时代的产物，数字货币依旧是未来互联网金融市场的大胆有益尝试，对政府、消费者、公司来说都具有重要的启示意义。

二、黄金的稳定价值，数字货币无可比拟

近年来，随着互联网金融的发展，数字货币日益受到投资者的追逐并且愈演愈烈，由于市场交易规模和价格的趋近，黄金和数字货币也被当成了金融市场里的对手。

在 2017 年，数字货币的一个主题就是“黄金已死，数字货币万岁”，但现在比特币真的证明它的价值了吗？数字货币与黄金的战争，到底谁是赢家？让我们来看一下直观数据。

John Ciampaglia 是斯普劳特资产管理公司（Sprott Asset Management）的首席执行官，他曾经说过，数字货币的价格很有可能最终归零，而黄金依旧会成为市场上最后的赢家。

2018 年以来，黄金市场一直呈现稳定且稳中有升的趋势，并且最新交易量接近市场高点，而比特币的市场表现却不尽如人意，价格已经降到了 7700 美元左右（2017 年 12 月比特币价格一度接近 2 万美元），下跌将近 70%。

针对这个现象，由于以比特币为代表的数字货币价格影响因素较多且敏感，John Ciampaglia 也认为其价格起伏大不足为奇，而投资比特币和数字货币的行为实质上是投机。

黄金背后由于其稳定的价值与世界范围内的认可，无论市场环境怎样发生变化，几千年来的黄金始终具有其稳定的金融价值与货币属性。这是任何区块链和数字货币都无可比拟的，不会因为资金、用户、黑客或者其他市场变化的因素而受到打击，让投资者血本无归。

三、数字货币赶超黄金的优势

黄金的稳定价值是数字货币无可比拟的，但在互联网时代，应运而生的数字货币却拥有一些超越黄金的优势。

历史总是不断发展进步的，人类在漫长的发展过程中创造了很多奇迹。比如文字、商品交易、互联网、数字货币，等等。

纵观人类历史的发展，我们不难发现，文字的创造与演变是人类创造的奇迹，在人类出现之前的亿万年里，动物爪子在地上的涂画为什么没有进化为文字？地球上有如此众多的物种，为什么只有人类能够脱颖而出，成为这个星球上的至高尊者？

人类之所以能够成为地球的尊者，主要是因为人类能够进行商品交换！

1. 人类成为地球尊者的关键：商品交换

商品交换在人类社会的进步与发展过程中起到了巨大的促进作用。在双方自愿的原则下，用自己的物品来换取他人的物品，使交易双方都实现双赢。这就是商品交换。

商品交换的意义在哪里呢？

正是商品交换的发展，才使人类走出野蛮世界，逐渐步入到理性、秩序的文明社会。

在文明社会中，最重要的就是信任，信任是商品交换的基石，也是市场经济发展并良好运行的必要条件。因而，商品交换需要有良好的制度与规则来规范双方的诚信行为，其中货币起到了非常重要的作用。货币的明码标价使得交易能够按照清晰准确的规则进行，因而货币在市场经济中的重要性不言而喻。

如今，随着商业时代的发展，货币的种类开始多样化，数字货币凭借着其相当的优势正在逐渐向传统货币发起挑战，甚至有赶超黄金的趋势！造成这种现象的原因是多方面的，最重要的就是互联网。

2. 数字货币的优势

首先，互联网的飞速发展与广阔的覆盖范围是数字货币发展的硬条件。

当今世界，全球大多数国家与地区通过互联网互相连接成为一个“地球村”，如此一来，便扩大了人类的活动范围，且降低了人们之间沟通交流的成本，也促进了人类社会商品交换的进一步发展。

现在的这种商品交易是在互联网上进行的，商品交易越频繁，网络市场经济越活跃。只有网络市场活跃起来，数字货币才有了合适发展的空间与土壤。

此外，互联网的发展也带来了金融交易方式的创新和变革。

例如网上银行、网上借贷，等等。尤其是在大额交易和跨国交易的层面上，数字货币具有非常大的优势。在未来，互联网将不断地深入到人类的生活与社会经济中去，并且这一趋势还会进一步增强。

货币的本质，实际上指的是一种参照物，就是用数字来衡量商品的附属价值。就如同尺子或天平，可以用来衡量商品的大小或重量等。货币就是衡量商品价值的一种东西。

货币可以长久地保存吗？我们用黄金、现金与数字货币做一下比较。

黄金除了用作装饰品可以永久保存外，用作货币交易想要永久保存不太现实，因为用黄金交易的话，会有很大的安全隐患，为了避免这些问题，人们在进行交易时依然要将黄金兑换成流通货币，并存入银行或其他机构，以转换成能够在互联网支付的货币形式。

如果把现金存进银行或其他机构，就会安全吗？其实也并不安全。因为可能会面临通货膨胀，出现货币不断贬值的风险，还有可能被政府或其他机构冻结或征用。

相比而言，数字货币却能够让人们实时掌控财富动向，无需第三方，只需要通过在线的账号与密码，就可以随时扩大或缩小资金规模。

其实，就以上几点而言，数字货币都具备了更好的优点和性能，因此，很多人选择投资比特币也就不足为奇了。

第三节　数字货币与网络支付

一、周小川的预言

一直以来，纸币都是我国市场经济与金融流通的主角，但数字货币的出现好像打破了这种局面。相较而言，由于数字货币更低的生产和流通成本以及互联网的不断渗透，越来越多的人们通过互联网使用数字货币。

在十三届全国人大一次会议新闻中心记者会上，央行行长周小川被提问到数字货币的未来与发展前景时，他表示，早在三年前，作为我国银行界的管理机构，人民银行就已经对数字货币进行了研讨。

作为这次研讨会的重要成果，成立了数字货币研究所，2017 年经国务院批准正式展开了数字货币与电子支付的研究项目。看得出来，银行界期待与业界共同推动数字货币的问世与良性发展。

事实上，央行早已开始对数字货币的研究，成立研究小组、发行数字货币的系列研究报告、召开数字货币研讨会等举措，都充分证明了央行对数字货币的关注与重视。这种现象的背后体现的是国家信用，数字货币的未来可期。如果央行正式大规模发行数字货币，那么就能有效治理电子货币市场小、散、乱的问题。

谈到数字货币，周小川提到，电子支付实质上也属于数字货币的范畴，即都是通过移动特性和网络来传输数字。

周小川的讲话，把我们和数字货币之间的距离一下子拉近了。在我国，关于电子支付，无论是大众百姓，还是各家银行，对此都不陌生。显然，无论是银行界，还是我们个人，都和数字货币息息相关。

周小川还讲了央行对数字货币进行研讨的目的。他表示，央行研究数字货币，是为了提高移动与零售支付的便捷性与安全性，降低交易成本并充分保护个人隐私。

在这个目标下，国际业界也对数字货币的技术路线展开了初步的探索，数字货币的发展存在历史不可阻挡性。

此外，比特币的出现也为央行研究数字金融与数字货币提供了很多借鉴意义，区块链、大数据等相关技术都值得学习与效仿。

总之，法定数字货币的研究与发展已成为未来社会的趋势，也为网络支付带来了更多便利。在未来，也许数字货币与纸币可以平等地互通互流，从而使我们的日常消费更加便捷，支付更加便利。

二、数字货币进军支付流通领域

数字货币是否能够打通支付流通领域的大门？答案是不言而喻的。让我们来看一下现实情况。

1. 涉足和使用数字货币的各路巨头

Discover Financail Services 公司是美国的信用卡服务商，也是全球支付的引领者。2018 年 4 月，该公司宣布加入 DDC（区块链行业组织数字货币商会），这表明该公司已经成为执行委员会的正式会员。

瑞穗银行是日本金融业巨头之一，资产规模高达 149 万亿日元。如此巨大的金融集团，也涉足数字货币了，他们在 2018 年 4 月份宣布，在餐馆和其他场所进行数字货币的实地尝试。

另外，比特币、以太币、莱特币开始涉及到广泛的商业场景中，并可以全球支付。目前越来越多的世界顶级公司正式接受了比特币支付，例如全球最大的跨国电脑科技公司 Microsoft、全球最大的在线旅游公司 Expedia、全球最大的在线支付平台 PayPal，以及加拿大电子商务软件开发商 Shopify 等。

此外，目前世界上已经有很多国家和地区允许并推广比特币的使用，它们纷纷涉足数字货币领域。

在欧美，2013 年德国成为首个接受比特币支付的国家，随后美国、英国也加入了比特币的阵营。

在亚洲，日本在 2017 年 4 月正式下发文件承认比特币的支付地位，并通过税费政策加以推广。在中国以人民银行为首的金融机构也在加强对数字货币的研究，以期实现落地与系统化。

2. 数字货币在支付领域的限制

尽管数字货币在全球范围内基本获得了来自企业与政府的支持，但数字货币在支付领域也受到了一些限制。主要表现为以下两点：

（1）数字货币囿于稳定性、支付和发行。作为一种数字资产，数字货币的价值波动较大，与法定货币的价值稳定性相比有巨大劣势。

除了非稳定性之外，支付和发行也是问题。

以中国为例，电子支付基本被支付宝和微信占领。因为数字货币要进入流通领域，就需要使用电子支付，一旦发行数字货币，阿里巴巴、腾讯可能会在金融领域掀起巨大变革。

在发行方面，由于铸造与发行货币的机构是央行，所以数字货币必须由央行来发行。

但就如日本央行副行长宫井正义曾表示，央行发行数字货币会改变财政现状，带来风险。因而数字货币的官方发行还有待讨论，政府和业界也需要制定共识与规则来减少信用造成的贬值风险。

（2）数字货币从投资到流通的艰难之路。就目前而言，数字货币更多的是作为投资资产，而不是流通资产。

尽管中本聪创造比特币时，其目的是为了降低交易成本，减少银行干预，从而实现更快捷的支付。但事实上，这条流通之路并不好走。

以比特币为例，比特币在交易的过程中，依旧支付了以按字节收取的手续费。虽然说这样做有利于大额与跨境交易，但这样做，显然是把比特币当成商品来投资，而不是作为货币来流通。

而且，在某些特定区域与国家内，使用比特币等数字货币来进行市场交易，显然不如法定货币更便捷，即使是电子支付，也是基于法定货币的基础，而不是基于数字货币的基础。

三、数字货币的实际应用

无论数字货币在支付领域有着怎样的限制，都无法阻止数字货币成为支付手段的大趋势。许多公司和企业将数字货币纳入支付模式，营造出很多实际应用场景，以供后来者学习和借鉴。

1. 率先推出数字货币支付——NewCoin 交易所

NewCoin 交易所是一家全球数字资产交易所，也是一家国际化运营的数字资产公司，它的总部位于泰国曼谷。

随着数字货币进入大众生活，NewCoin 交易所克服价格浮动、流通困难等重重阻力，于 2018 年 4 月率先推出了支付功能。这样做大大方便了客户，他们无论是在线上，还是在线下，只需扫码就能轻易解决交易的问题。

NewCoin 交易所在数字货币领域业务范围较广，上线的币种包括了 ETH、EOS、NCG 等。而其中 NCG（星游币）是已经落地的区块链游戏币并具有数字支付功能，可在数字资产交易所交易且用于游戏流通。

NewCoin 交易所创新性地推出了数字货币支付功能，让数字货币真正落地进入传统商品流通领域，并走入市场经济中。

2. 鼓励数字货币支付——迪拜房地产公司

Samana Greens 是迪拜数一数二的房地产开发商，以打造精品房著称于世。

在人们对数字货币持观望态度的时候，Samana Greens 却首开先河，做出一项规定，那就是购房者可以用数字货币来结算房款。作为一家成功的房地产开发商，Samana Greens 素来做事稳健，每一个决定都是经过深思熟虑的结果。这个决定也不例外。

为什么 Samana Greens 敢做第一个吃螃蟹的人？因为他们坚信数字货币的前景是美好的，是社会发展的趋势。

为了鼓励购房者使用数字货币，Samana Greens 给出了 7% 的折扣。也就是说，如果购房者使用数字货币支付房款，就能享受到 7% 的折扣。这个幅度不可谓不大。

Samana Greens 房地产公司在这样的交易中，能获得什么好处呢？

除了刚才说的跟随社会发展的大趋势外，他们也得到实际的利益。因为数字货币支付可以节省交易双方的时间与精力，并降低交易成本。

随着 Samana Greens 公司的决定，越来越多的房地产公司都开始鼓励用数字货币进行结算。

比如，马来西亚沙巴岛上的一位商人用比特币结算了一块土地等。这些交易方式大大促进了比特币的发展，初步实现了其实际运用功能。

3. 开展无国界支付——优步

优步英文名 Uber，是美国一家高科技公司，随着主营旗下的打车 APP 而走进大众视野，覆盖了全球 70 多个国家的 400 余座城市。虽然，优步在我国的打车业务最终被滴滴收购，但其发展实力依然不可小觑。

2017 年，Uber 的创始人 Garrett Camp 就力图推出特定的加密数字货币——Eco，意图在优步的全球体系中使用，增强平台的支付交易功能，提供实时并无边界的支付服务，Eco 首次将发行 1 万亿。

据悉，Uber 在全球的业务量众多，消费者和司机数量非常庞大。如果该币发行将会提供很好的应用场景。

第四节 数字货币与传统货币的区别

一、四种传统的货币

传统货币的概念较广，诸如实物、商品等都属于传统货币。其中，最早的传统货币形态就是实物货币，例如米、布、木材、贝壳等都在特定时期扮演过货币的角色。但由于其交易不便、不易分割等，随着生产方式与社会发展，实物货币逐渐不能满足支付与交易的功能。而具有一般等价物属性的金属货币逐步替代了实物货币。

1. 金属货币

金属货币在人类历史中一直扮演着非常重要的角色，而世界最早的金属货币是中国商朝的铜贝。由于金属矿藏的开采、冶炼技术的进步，金属逐渐成为了货币材料的最佳选择与市场交易的主角，货币材质也逐渐从铜向银和金过渡。

金属货币具有很多优点，诸如较强的稳定性、便于分割携带、可以长期保存等，是非常好的货币等价物。金属货币在交易过程中，要根据其重量作为商品价值衡量的标准，因而金属货币也被称为量货币。

由于每次交易都要称其重量与评估成色，随着市场交易与商品经济的进一步发展，标注了重量和成色的货币金属块产生了，这也就是最初的铸币。

随着商品经济的再次扩大，市场经济逐步繁荣，国家等权力机关通过集中管理货币与统一铸造货币等方式，逐步掌控了整个社会财政。

2. 代用货币

代用货币一般指的是政府或中央银行正式发行的纸币，代替金属货币流通。

由于金属货币的开采难以满足日益扩大的商品流通和市场经济需求，代用货币逐渐成为人们日常生活中的实用货币。

虽然代用货币的自身价值没有金属货币价值高，但由于代用货币发行成本较低，便于携带等优点，代用货币成为了市场交易的主流。作为代替金属货币的交换媒介，代用货币也可以与金属货币随时兑换。

3. 信用货币

随着时代的发展与进步，特别是工业革命后的现代市场经济的建立与运行以及信用制度的发展，市场上出现了信用货币，即以信用为保证，通过官方程序发行并作为流通和支付手段的货币，一般而言为中央银行发行，故而具有强制性且属于法定货币范畴。

信用货币实际上是银行债务凭证，其流通也就是银行债务的转移。由于市场经济发展对支付手段不断提高，以债券、股票、金属辅币、电子货币等为代表的信用货币作为信用凭证发展迅速。现在世界上几乎所有国家也都基本采用信用货币。

4. 电子货币

在当代的市场经济中，尤其是信用制度发达的国家，由于现钞货币所占比例越来越少，存款货币越来越多，银行开始通过电子计算机划拨资金，从而出现了电子货币形态。

电子货币是一种储值或预付产品或以电子计算机系统储存和处理的存款，它以电汇的方式替代处理大量纸张的手续。这样进一步节省了交易成本，包括货币发行成本、交易时间与人力等。

电子货币是信用货币与时代发展的新形态，也是现代商品经济和银行转账清算技术不断进步的产物。

二、数字货币的三大优势

由于数字货币的贬值升值风险较大，投资者在选择投资与使用数字货币时通常更为谨慎。然而，比特币的迅速发展与扩张，让我们看到数字货币作为一种新的投资方式吸引了大众的关注。

对于数字货币，部分投资者可能会质疑它的市场需求和价值，数字货币的市值在三年内由 13 亿美元扩大到接近 100 亿美元。由于数字货币基本不受银行与政府的控制，故而市场需求量不断增大，为投资者提供了一个极佳的长线投资机会。

一般而言，数字货币具有以下三大优势：

1. 流动性更大

目前，数字货币交易所以及交易平台覆盖范围广阔，由于交易的便捷性与低交易成本，数字货币逐渐成为了流动性最强的资产之一。即使金融监管严格的巴西、委内瑞拉等国，对数字货币的交易仍然是保留的。

2. 市场需求更高

数字货币诞生已经有近十年的历史，在使用的过程中，从未出现重大的风险。所以一直被市场看好。加上数字货币只在互联网上使用，不受银行等监管部门的控制，所以无论是投资者，还是企业都愿意使用它，这也导致了数字货币的市场需求越来越高。

3. 交易更简单

由于投资者可以轻松将数字货币转换为现金或其他资产，无需通过第三方机构处理和结算订单，交易及时且手续费较低。因此，数字货币具有较高的市场需求。

数字货币的交易更简单，主要体现在交易过程中：与股票交易等其他方式相比，投资者需要首先办理证明与执照才能入市，其订单的结算也往往耗时很长，而数字货币交易的便捷性以及快速性则具有很强优势。

三、数字货币 VS 传统货币

1. 数字货币打通支付交易的终端关口

虽然数字货币具有很多优势，并且发展迅速，但其数字货币和支付交易的终端关口实质上还并未打通。

作为与人类历史共生的货币，需要满足以下两个原则才能长久发展，即首先能为人类所用，可以进行交易与支付；其次是成为资本财富，并能够进行流通。

在未来，随着人类科技和社会生产的进一步发展，货币的形态也必然会发生新的变化，从骨币、金属币、纸币到数字货币的发展历程，就是印证。

现在，我们来看一下世界其他国家的数字货币发展情况。

自 2017 年始，部分国家和地区如俄罗斯、日本等，已经开始考虑官方发行法定的数字货币，数字货币的国际化发展趋势迅猛。

在占全球货币市场份额 61% 的美国，“区块链”已上升为国家战略。2017 年 2 月 14 日，美国众议院召开第二次区块链听证会对区块链的发展持非常乐观的态度，认为区块链技术有着极大的潜力，区块链的发展能够促进资本的形成，来自沃尔玛、IBM、NIST 等大企业代表的发言分别解释了区块链技术，认为“我们正在进入世界金融市场的一个新的数字时代”。

此外，俄罗斯、日本等国计划发行法定数字货币，瑞典也在探索本国的加密数字货币。世界大型交易所之一的以色列钻石交易所也宣布，预期发行两种数字货币：Carat 与 Cut。这两款数字货币将定位于广大投资券，用于钻石市场专业参与者之间的结算。

真正打通数字货币支付交易终端关口的国家是委内瑞拉。2018 年 2 月 20 日，委内瑞拉正式发行了数字化货币——“石油币”，这是第一个主权国家发行的法定数字货币。在发售当日，委内瑞拉的“石油币”就已吸金 7.35 亿美元。这也使得美欧对委的经济封锁失去效力，因为委内瑞拉的在线美元交割通道经“石油币”打通。

2. 数字货币无法取代传统货币的七大原因

数字货币的发展愈演愈烈，数字货币是否可以代替政府发行的法定货币在世界范围流通呢？硅谷投资人吴军曾经回答关于虚拟货币能否取代传统货币的问题。他认为，不能，至少在很长的时间范围内，虚拟货币无法完全取代传统货币。原因主要有以下几点：

（1）加密虚拟货币的交易成本太高。作为商品的交易和流通媒介，这导致流通阻力较大，市场接纳度低。如果线下购买一杯咖啡，2.5 美元就已足够。但如果用比特币支付，你要承担的电费、网络维护费、手续费等可能要超过 20 美元。

（2）加密虚拟货币无法实时到账。数字货币交割的时间相对较长，没有现金实时交易的快速，这一点也导致它不能取代法定货币。例如比特币的每一笔交易都要涉及所有服务器，时间少则两小时，长则两天。

（3）加密虚拟货币不稳定。作为流通货币且要在世界贸易中结算，币值一定要保持稳定，不然会影响到各个国家和地区的进出口贸易。但数字货币的一大缺点就是币值浮动较大，故而它也不能具备结算货币的功能。

（4）加密虚拟货币规模太小。如果要取代传统的法定货币，虚拟货币的供应量和规模无法与世界经济相匹配。例如经济发展迅速的中国，纸币的发行量相较以前扩大了数十倍，而虚拟货币的一大特点就是，为了保证币值的相对稳定而供应量有限。这也无法成为市场经济中的主流货币。

（5）加密虚拟货币规模太小无法进行经济调控。法定的流通货币一大功能就是通过控制发行规模、采取不同货币政策等来调整宏观经济，解决经济问题。但虚拟货币没有办法解决这个问题。

（6）加密虚拟货币分配不均。例如比特币，早期进入比特币系统的人可以拥有较大份额也无法合理分配，而由于供应量的有限，这也导致后来者只能拿到有限的份额，这也不利于长期发展。

（7）加密虚拟货币风险较高。法定的发行货币由于有国家信用做背书，总体来说相对安全。而虚拟货币的贬值风险、关闭风险太高，也不适于代替法定货币。

因此对于虚拟货币也包括数字货币，吴军的这个答案，也可以作为参考，借鉴到数字货币是否能够取代传统货币这个问题中来。

第五节　数字货币钱包

一、数字货币钱包：区块链版的支付宝

数字钱包是一种能使用户在 Web 网上支付货款的软件，包含了客户的支付号码和个人信息。

数字钱包并非装“钱”，而是密钥（私钥和公钥）等工具，即相应地址上的数字货币支配权，这显然也是数字货币的关口。如图 1 便是以比特币机制来说明数字货币的钱包机制。

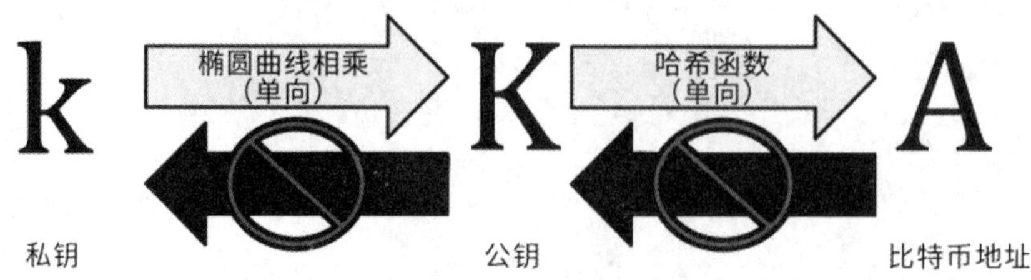

图 1　数字货币的钱包机制示意图

数字钱包是一种信息和软件的集合体，包含了各种支付与交易信息。在使用时可以非常便捷地进行与完成支付交易，并且随着信息技术的提高，数字钱包的安全性也不断得到加强。对消费者与商家来说，数字钱包的发展能为其节约不少交易费用与成本。

数字钱包主要有两种类型，一种是基于客户的数字钱包，另一种是基于服务器的数字钱包。

基于客户的数字钱包要求用户下载和安装单独的软件，用户在本地获得对其信用卡和个人信息的控制。

基于服务器的数字钱包是主流，不需要下载单独的软件与购买密钥，消费者的信息驻留在金融机构或者数字钱包供应商的服务器上，并且通过技术手段也具有很高的安全性。

二、数字货币钱包的 28 个种类

目前，数字货币钱包的种类较多，主要有以下种类：

1. 迈阿币钱包

迈阿币钱包主要用于PC电脑端来投资迈阿币，或查看、加密、发送和接收Mmcoin，是区块链数字货币Mmcoin（迈阿币）的钱包工具。

2. gift.one（gift币交易平台）

gift.one支持BTC、ETH、EOS等多种加密数字货币，是目前世界上最大的加密虚拟货币空投组织。

3. 公信宝钱包（GXS钱包）

公信宝钱包是基于区块链技术的一个去中心化数据交易所。通过客户端，用户可以使用钱包工具创建账户等。

4. BitcoinX Core钱包

BitcoinX Core钱包拥有和比特币核心钱包、莱特币钱包一样的界面，是虚拟货币BitcoinX（比特无限，简称BCX）的官方钱包工具。

5. 比太钱包（Bither Wallet）

比太钱包是一个加密的轻量级的比特币钱包工具，是bitcoin.org官方推荐的钱包。

6. SC币钱包（Sia UI）

Sia UI是云储币的官方数字钱包，主要基于Sia分布式私有云存储平台的区域链，具有完全私有、便宜、高度冗余、开源、基于区块链等特点。

7. 珠宝币钱包（JewelryCoin）

珠宝币钱包是珠宝币（JC）的官方数字钱包，珠宝币主要针对实体珠宝交易，技术基于莱特币二次开发。

8. 门罗币钱包（Monero 钱包）

门罗币钱包是门罗币（XMR）的官方数字钱包，门罗币是一种匿名的数字货币，门罗币钱包可以用来存储和交易门罗币，并支持门罗币挖矿功能。

9. Zcash 钱包（zcash4win）

Zcash 钱包是 ZEC 币的数字钱包，可以用来投资与挖掘 ZEC 币。

10. NEO 钱包（Neon Wallet）

Neo 钱包是 Neo 的数字钱包，Neo 币集合了数字资产、数字身份与智能合约，是一种智能经济分布式网络。

11. NEO 客户端（NEO-GUI）

NEO-GUI 是 NEO 的客户操作端，拥有较为完整的区块链，可以操作 NEO 的所有功能。

12. 链克口袋

链克口袋是迅雷旗下的数字货币“链克”的数字钱包。

13. 地中海币钱包

地中海币钱包是地中海币的数字钱包，具备查看交易记录、保存付款地址、备份以及发送和接收地中海币等功能。

14. 黑币钱包

黑币钱包是数字货币“黑币（BlackCoin）”的数字钱包，可以用来投资黑币与挖掘黑币。

15. 世界币钱包

世界币钱包是数字货币“世界币”的数字钱包，是一种基于 scrypt 算法，总量为 265,420,800 个的数字货币。

16. 新经币钱包

新经币钱包是数字货币新经币（XEM）的数字钱包，可以用来投资新经币，具有同步、发送与接收功能。

17. 众合币钱包

众合币钱包是众合币（MergeCoin，简称 MGC）的官方数字钱包，可以同步交易数据与信息，发送和接收众合币，且具有加密、记录地址等附加功能。

18. 崛起币核心钱包

崛起币钱包是数字货币崛起币的官方数字钱包，可以用来投资与挖掘崛起币，并且同步、发送和接收崛起币。

19. 比奥币钱包

比奥币钱包是数字货币 “比奥币”的官方数字钱包，用来投资和挖矿比奥币。

20. 以太坊钱包（Ethereum Wallet）

Ethereum Wallet，即以太坊钱包，是数字货币以太坊（Ethereum，简称 ETH）的官方数字钱包，可以用来进行以太坊的交易与存储。

21. 阿侬币钱包

阿侬币钱包是数字货币“阿侬币（ANC）”的数字钱包，用户可以使用阿侬币钱包查询、发送和接受阿侬币。

22. 活力币钱包

活力币钱包是活力币（HLB）的官方数字钱包，可以同步钱包数据，并具备查询、发送和接收等功能。

23. 达世币核心钱包

达世币核心钱包是达世币钱包的数字钱包，可以同步钱包数据，查询余额、发送和接收达世币。

24. 微币钱包客户端

微币钱包客户端是数字货币“微币（VPNcoin）”的官方数字钱包，可以同步钱包数据，发送和接收微币，并且可以备份与恢复。

25. 系统币钱包

系统币钱包是数字货币“系统币（SYS）”的官方数字钱包，用来查询和交易，可以同步数据、发送和接收系统币。

26. 安全币钱包

安全币钱包是数字货币“安全币（SRC）”的数字钱包，可以实时查看和同步余额、支持发送和接受安全币。

27. 点点币钱包

点点币钱包是数字货币点点币（简称PPC）官方提供的点点币数字钱包。

28. 地球币钱包

地球币钱包是数字货币“地球币”的官方数字钱包，用来存储与交易地球币。

第六节 数字货币获取

一、获取数字货币的主要途径

数字货币的获取相对多样且途径简单，以下介绍几种主要的数字货币获取途径：

1. 通过交易所网上直接购买

对于想直接获得比特币的用户，投资比特币可以采取低价购买高价抛出的方式，赚取差价，但比特币的行情波动较大，走势难以预料，要做好多方面的准备，比特币的购买单位并非 1 个，你可以购买 0.1 个，0.01 个，0.001 个……所以不可能买不起比特币。

2. 个人 PC 挖矿

比特币是由一套完整而复杂的算法产生的数字货币，通过 PC 端进行数字挖掘，这就与我们每天都接触的 PC 电脑能力相关，谁的运算能力高谁获得比特币的可能性就高。但现在挖掘的难度越来越大，需要强大的显卡、主板支撑等硬件设备，会耗费大量的电源。

3. 专业挖矿机

专业挖矿机通常是大型的集群挖掘机，CPU/GPU 算力超强，但是昂贵的价格并非常人可以接受，需要一定实力的组织才能承担。

4. 加入矿池

还可以选择加入专业的挖矿团，由分散的群体可以汇集成一个计算机群，使用群计算机来挖币，当挖到比特币时，根据每台 PC 的处理能力分配报酬。

5. 云矿机挖矿

投资者用运矿机挖矿来获取数字货币时会碰到散户难以挖到的问题，此时，云算力可以帮助小散户在较低的成本下拥有专业的技术和团队，帮助后来进入的投资者和小白用户轻松挖到数字货币。

二、20 家数字货币交易所

2018 年年初，全球加密数字货币的市值已超 2.5 万亿元，超过 3000 万人投资数字货币。随着数字货币的交易额逐步攀升，数字货币交易与保存的安全问题开始受到考验。

就在2018年3月7日，比特币受到黑客攻击导致连续两日下跌，市值蒸发了近15%。这其中，加密数字货币交易所成为了黑客攻击的重点，早在2017年12月，韩国Youbit交易所被黑客攻击，造成了17%的资产损失，最终导致交易所破产关闭。

2018年1月，日本Coincheck数字货币交易所也因为遭黑客攻击致使损失5.3亿美元。随着数字货币与投资受到越来越多的关注，数字货币交易所的安全问题成为了重中之重。

2018年，权威智库与咨询机构为全球数字货币交易所进行了综合评价与评级，本书选取交易金额排名全球前20位的加密数字货币交易所，这些交易所交易代表了数字交易的整体水平。

总体来说，以下的数字货币交易所安全评级较高，且通过了专业数字货币风险研究报告。排名前20位的数字货币交易所名单如表1所示。

表1　安全评级较高排名前20位的数字货币交易所

No.1 BitMEX	No.2 Upbit	No.3 火币 pro	No.4 币安网	No.5 BitFlyer
No.6 Bithumb	No.7 ZB 网	No.8 Bitfinex	No.9 GDAX	No.10 Bittrex
No.11 HitBTC	No.12 Kraken	No.13 Bit-Z	No.14 币赢国际站	No.15 Bibox
No.16 Bitstamp	No.17 BCEX	No.18Poloniex	No.19 OKEX	No.20 Gate.io

资料来源：《全球数字货币交易所TOP20安全性评级报告》2018.5

第七节 数字货币使用

数字货币的实质就是货币的数字化，是根据数字算法进行去中心化来形成密钥，一般来说安全性是较高的。随着数字货币越来越受到热捧，官方机构也在考虑加快推进法定数字货币的研发工作，在未来也有望出现与流通法定数字货币。

一、数字货币种类

数字货币是以电子货币的形式来替代纸币，主要有以下三类：

1. 已有多年历史的游戏币

如在单机游戏时代，主角靠打倒敌人、进赌馆赢钱等方式积累的货币，但这些货币只能在自己本地的游戏里使用。游戏玩家之间还没有建立起交易的“市场”，但互联网的快速发展使得游戏也建立起了联网社区、门户，虚拟的数字货币逐渐以游戏币的形式呈现。

2. 专用货币

其主要发行方是门户网站或者即时通讯工具服务商。例如曾经非常流行的 Q 币，就是腾讯公司发行的货币，可以用来购买会员资格、QQ 秀等增值服务等。

3. 虚拟货币

例如当下最流行的比特币（BTC）、莱特币（LTC）以及福源币（FTC）等。以比特币为例，这种虚拟货币主要由开源的 P2P 软体产生，不同于前两种只能在特定的游戏场景或服务场景中使用，它可以直接用于现实生活之中。

二、使用数字货币的领域

从数字货币的发展趋势来看，数字货币最先可能应用于互联网金融领域。这是由于互联网金融是基于庞大的互联网群体，人口集中优势明显。

此外，数字货币也为互联网金融的发展提供了发展途径与方法，在安全性价高的同时，也是非常好的标记和价值度量工具。数字货币的每一笔交易，都将具有独一的数据戳和时间戳，它们明确标记了投资者资金的投向。在这里，投资者可以清楚地了解这些资金的最终去向。数字货币的使用可以使个人货币的监管效率得到迅速提升。

在现实生活中，支付宝、微信支付已经掀起了电子化支付的浪潮，从而也促进了未来法定数字货币的诞生与发展。

时至今日，在各大城市，人们可以在不带现金的情况下，只需一部手机便能生活畅通无阻。这是因为电子支付全范围覆盖，所以人们出行基本不带现金与钱包，无论是吃穿住行还是其他生活场景，只需电子支付即可。而这正是数字货币时代已经到来的重要标志。

三、使用数字货币的好处

当前，数字货币的发展日益迅速，归根结底，它具备了传统纸币无可比拟的优势与特点。更加低廉的发行与流通成本，不但可以节省交易双方的时间与精力，还能提高经济交易活动的便利性和透明度，推动经济发展。数字货币的优势，具体来看主要体现在以下八个方面：

1. 成本低、监管便利

众所周知，印刷传统的纸币需要花费较高的人力物力成本，包括钞票图案的设计费、印钞厂及主管机构的运营费甚至巨额的防伪技术专利费等等，成本总量巨大。但数字货币由于基于算法和字节产生，并且通过互联网传输与使用，生产成本相比而言低了很多，较低的成本与电子监管使得数字货币更加高效快捷，这也有利于整体经济和金融体系的发展。

2. 互联网助推，大势所趋

在互联网高度渗透的时代，社会运行与人们的生活方式都发生了巨大的改变。例如，网上购物越来越成为人们购物的主流，而网上支付由于安全的数字支付也成为了一大主流趋势，并延伸到了线下。数字货币的发展无疑符合这一社会发展趋势。央行科技司副司长姚前认为，数字货币由于供应量、流通率、使用的空间时间分布更加精准，对宏观经济调控也具有重要作用。

3. 交易速度非常快

数字货币由于都是基于电子化计算与自动数据处理，其交易用时较少，交易效率较高。相较而言，如果在银行支付或者汇款，除去等待时间不算，这笔钱还要走完银行系统流程，往往需要耗时几天。而数字货币交易的速度通常要快得多。数字货币交易基本都是实时交易，如果买卖双方确认，每 10 分钟即可完成一笔交易。

4. 交易费用最低

信用卡、银行卡的电子支付是需要交易费用的，一些商家会收取借记卡交易费用，作为使用者，必须支付刷卡费。而数字货币交易费用却很低，甚至在某些情况下是免费的。

5. 政府不能把它拿走

2013 年 3 月，在塞浦路斯发生一件大事曾引发广泛的关注，中央银行希望收回超过 10 万美元的未参保存款，用来调节资本结构。这在当地引发了巨大争议，银行竟然能将存款的百分比降低，从而吞并百姓的家庭储蓄。但数字货币不会出现这种情况，由于货币分散到各个用户手中，中央政府无法控制，且银行也不能拿走。这对于那些传统银行体系不再信任的人来说，是一个巨大的诱惑。

6. 交易没有退款

一旦数字货币交易双方同意并确认成交，除非交易双方同意，否则就不能撤销了。故而，这种交易方式也能够有效地防止欺诈行为与信息盗窃。

7. 商家不能窃取你的支付信息

对于客户而言，信息保密是个大问题。数字货币的交易却不需要填写任何私密信息。一般而言，数字货币在交易的过程中会用到两个密钥，即公钥和私钥，公钥是数字货币地址，私钥则是属于用户自身的保密钥匙。进行交易时，公钥和私钥需要组合起来进行“签署”，因而安全性得到了很大的保障。

8. 这不是通货膨胀

法定货币面临的最大问题便是可能会遇到通货膨胀。由于政府没有足够的现金以偿还债务，通常会选择大量地印钞，一旦经济出现下滑，广为人知的量化宽松政策将造成通货膨胀，继而导致货币贬值，国民的资产将大幅缩水，商品和服务的价格逐步攀升，人们的生活水平大幅降低。而数字货币（例如比特币）在最初设计时就已限量，只有2100万个比特币被创造出来。此后，数量将不会增长，通货膨胀的问题自然也不会出现在数字货币的世界里。

第二章

伟大的尝试——比特币

当2009年比特币诞生的时候，人们都把它当成一种骗局。它的网络虚拟性、分散化、匿名等特点，都让人们无法不怀疑这个新兴的事物。然而，随着时间的推移，比特币从边缘化一步步走向世界数字货币的舞台中央，当2013年美国政府开始承认比特币的合法地位，比特币的身价一夜暴涨……

第一节　什么是比特币

一、比特币的概念

比特币是一种没有央行参与发行的，数量固定的数字货币。比特币的发行建立在全球互联网基础上，它是互联网金融发展过程中产生的一种数字货币，具有点对点传输的功能，是交易中一个去中心化的支付系统。比特币可以兑换为许多国家的货币。持有者可以用比特币购买虚拟和现实中的商品。

在远古的荒蛮年代，人类祖先曾经使用贝壳、羽毛、金银铜币等贵金属充当交换货币；后来人类发明了纸张以后，便开始统一使用铸币和纸币，推动了经济的发展；现今时代，纸币也仅仅在一定区域范围内自由流通使用。

如果能有一种货币不受政府管制，无国界流通和交易；不受中央银行监管，还能数额固定。那它是否就可以成为未来货币的雏形了呢？

早在2008年，一个被称为“中本聪”的研发高人，发表论文论证了比特币的生成模式。随后一些天才程序员开始编写复杂的计算机代码，并生成具有2100万个特定解的方程，这就是比特币的母公式。至此，比特币便成为一种披着神秘面纱的数字化货币进入公众视野。在移动互联网时代，已经出现许多的网络虚拟货币，但是比特币却成为了其中的佼佼者。

对“比特币之父”的调查经历了几次困境，但是，最终还是没有找到发明人，至今还是一个窘境。“爹”虽然并没有找到，但是这个“孩子”却一直大放异彩，被世人所追捧。从最初不被世人理解和信任，逐步迅猛发展为被人类热捧；那么比特币究竟具有哪些独特的魅力呢？

二、比特币的发展历程

1. 比特币发展大事年表

2011年1月27日，三个来自津巴布韦的账单，在bitcoin-otc上，以每4个比特币成功兑换100万津巴布韦货币。

2011年2月初，比特币价格和美元价格同时达到1美元。

2011年3月，第一次迎来GPU挖矿时代，此时比特币价格跌至0.6

美元。

2011 年 4 月 16 日，《美国时代周刊》发表——“Online Cash Bitcoin Could Challenge Governments, Banks”，引起公众的强烈关注。

2011 年 5 月 16 日，36 氪新兴科技媒体第一次报道了《BitcoinP2P 货币：有史以来最危险的项目》。

2011 年 5 月 29 日，瑞典的海盗湾创始人正式宣布他将自己的所有财产全部兑换成比特币。

2011 年 6 月，阿桑奇——维基解密创始人在和谷歌总裁 EricSchmidt 秘密会晤时，阿桑奇向他介绍并解释了比特币是“无国度”的。

2011 年 6 月 8 日，比特币上涨到 10 美元，接着向 30 美元飙升。

2011 年 6 月 19 日，MTGOX 遇到黑客的攻击，此时源于比特币的区块链数据被泄露，生成大量 0.01 美元订单。

2011 年上半年，从 30 美分比特币价格涨到 30 美元，期间比特币涨幅为 100 倍！

2011 年 8 月 20 日，在纽约召开比特币会议，这次大会使其迎来新一次高度关注。

2011 年下半年，比特币一路下跌至 2 美元，其后在 2-10 美元之间徘徊。与之前 6 月相比峰值下降了 90% 以上！

2013 年 4 月 10 日，比特币被美国政府承认其合法性，随后得到美国投资者疯狂持有，于是比特币价格暴涨。涨到当时最高的 266 美元，当晚就跌回到 105 美元，在其一周内，最低点跌到 50 美元！

2013 年 11 月，比特币的价格达到阶段性高点——1242 美元。12 月又跌到 576 美元。

2014 年至 2015 年，比特币一直低迷，直到 2015 年 9 月，才又开始了一次牛市行情。

2016 年，比特币在这一年涨幅十几倍。

2017 年 11 月至 12 月，比特币的涨幅超过 10 倍。

2. 比特币发展过程中的有关政策

2014 年 1 月，淘宝发布公告禁止出售比特币、莱特币等互联网虚拟币等商品。

2014 年 2 月，西维吉尼亚州民主党的参议员乔・曼钦向美国联邦政府发出公开信，希望有关机构对比特币扰乱金融秩序的现状采取行动。

2017 年 1 月，上海多家监管机构对比特币开展大检查，检查主要围绕信贷、支付、汇兑等机构中的关联投资业务展开，以确定在这些投资过程中是否存在反洗钱等犯罪活动；中国人民银行营业管理部在北京进驻“火币网”“币行”等交易平台进行全面大检查。

2017 年 5 月，比特币病毒全球性爆发，它疯狂袭击公共和商业系统的事件频频发生。于是，全球 74 个国家开始史上最严厉封杀。

2017 年 8 月，全球比特币交易平台将暂停充值、提现服务。

2017 年 9 月，中国数字资产交易平台停止新用户注册；数字资产交易平台将停止所有交易业务。

3. 是炒作，还是泡沫

比特币自从发行以来，炒作一直不断。

第一，炒作神秘感，比如身世之谜的发明人、加密货币和去中心化、总量控制不会通胀，等等。第二，别有用心者宣传它不受任何国家、政府和金融机构宏观政策控制的优势，既安全又“无拘无束”的自由属性等。第三，宣扬比特币在交易机制上既无价格涨跌的束缚限制，又没有统一的交易平台，这样就给了投机者一夜暴富的想象空间。加上比特币本身的分叉、代币性，以及首次发行等一系列轮番炒作的新玩法，不断助推其价格的蹿升。

比特币实质上是不可以交易具有价值的币。此时，全世界的大国中，仅德国认可其为近似于“私人货币”的等价物。那是因为德国看中了比特币运营的数据技术——区块链，但是它仍然非货币。此时，全球的金融监管机构也不会像监管货币那样监管比特币。这样一来，比特币日渐成为游走于灰色地带的“等价物”，其衍生的金融交易行为也如春后雨笋般迅猛发展。

美国多家交易所批准了比特币期货交易行为，却并不受金融机构监管。这给了人们比特币是合法的错觉。

那么比特币的泡沫究竟有多大？值得广大投资者去探究。

今天，比特币的发展已经走过这么多年，在矿机的不断更新换代、陆续出现的交易平台、频繁有黑客攻击等历程中跌宕起伏。然而，分布在世界各地的比特币狂热者仍然一如既往地抱着极大的热忱，推动着比特币蹒跚前进。

比特币的最吸引人之处，就是完全开源和去中心化，这意味着无论在何时何地都可以任意查看整个源代码。整个系统由密码学算法保护，所有的支付交易都不再依赖第三方。所以，没有组织或个人能够控制比特币，所以他们坚信比特币网络是最安全和可靠的。

三、比特币的特征、优势和缺点

1. 比特币的特征

先让我们来看看比特币具有哪些特征，使其如此疯狂地被世人所追捧。

（1）被私有化的所有权。比特币持有者操控它那是需要私钥的，比特币被隔离后，可以保存在任何存储介质中。这个储存地址只有被保存者自己知道，其他人将无法获取。

（2）全世界广泛的流通。比特币可以在互联网上任意一台接入电脑上对其进行管理。比特币是身处不同地点的不同的人都可以挖掘、购买、出售或收取。

（3）最核心的功能——去中心化。世界上第一种分布式的虚拟货币——比特币。它的运营系统网络完全是由用户所构成，不需要中央银行发行和监管，是最安全与有自由保证的数字货币。

（4）无障碍的跨平台挖掘。要想赚取比特币，用户只要在众多平台上发掘不同硬件的计算数字密码就可以获得奖赏比特币。

（5）可以忽略的交易费。比特币是可以免费汇出的，但是需要交易费，大约是每笔收取 1 比特分的交易费，来保障交易的更快执行。

（6）费用成本公开化。比特币是最简单的网络支付手段的数字货币，它省去了繁琐手续和额度的限制。对方告诉你地址后，就可以进行支付。

2. 比特币的优点

比特币最值得挖掘的优点是快速传播形成均等的财富转移，可以改变甚至消除世界上各式各样的意识形态。那么比特币最大的优点是什么呢？下面，我们将逐一从以下几个方面来分析比特币的优势。

（1）摆脱国家管控，完全去政府化。比特币是一种电子共享货币，不以政府发行信用为依托，依靠互联网使用者和开发参与的人来共同维护，在互联网的虚拟世界中进行交易，不需要实名认证，以网络为依托，完全脱离央行监管，没有区域性的限制，还可以在全球范围内进行流通。

（2）不受监管控制，全部匿名交易。在当今的金融领域里，如果要进行跨国汇款，将会经过一关又一关的外汇管制机构，而且每次的交易记录都将会有多方记录在案。

但是，在比特币交易中就不需要这样繁杂的手续，只要用户输入正确的数字地址，等待着 P2P 数字网络确认交易后，此笔交易即可完成，整个交易的过程不需要经过任何中间管控机构，使用比特币交易也不会留下任何跨境交易记录的内容和数额。

（3）数量绝无仅有，固定而稀缺。比特币设置在系统中的方程特解只有 2100 万个以下，因此它存在的总数不会超过 2100 万个。因此，比特币不会像世界各国的纸币那样出现通货膨胀的经济问题。

（4）不受任何约束，支付自由。在比特币设计的系统里，预先规划为没有任何个人或组织能控制甚至操纵比特币协议。所以无论何时何地用户都能够即时支付和收取比特币金额。将不会受到节假日、国别的限制，更没有其他任何强加的限制。

（5）无发行机构，完全去中心化。比特币只有一串串的电子代码，它的发行和流通以及管理不需要任何政府和机构的掌握和管理。比特币所有代码是全球化公开的，世界任何地方人无论什么时间都可以随时查看比特币总量及交易情况。

（6）可以忽略的费用，降低了交易成本。当前用比特币支付的交易，还不收取手续费或者仅收取很少的手续费。并且交易手续费用户还可以包含在交易中，来换取优先处理权，这样就可以更快收到由数字化网络发回来的交易确认信息。

（7）交易很隐私，降低商家的风险。比特币交易安全，并不可撤销，还不需要敏感的个人信息。这避免了由于欺诈或欺诈性退单给商家造成的损失，而且也不需要执行遵守 PCI 标准化管理条件。

（8）持有者能够安全地控制。比特币的用户完全控制自己的交易；商家不能强制收取不该有或不易发现的费用。用比特币付款无须绑定个人信息，这极大防范了用户身份信息被盗用风险。用户还可以通过备份和加密保护自己的资金。

由于比特币的以上这些优点，有望成为未来社会的主流货币。

3. 比特币的缺点

（1）比较长的交易确认时间。在比特币钱包初次安装时，会花费很长的时间来下载历史交易数据块。在比特币交易时，为了确认数据的准确性，需要不少时间与 P2P 网络数据进行交互确认才能成功，在得到全网络思维的确认下，一笔简单的比特币交易才算最终完成。

（2）价格受市场影响波动大。比特币在流通中的总额，与拥有或使用比特币的数量，以及比特币的总规模相比还是非常小的。这样一来，只要发生较小的事件，就会对它产生不小的变动影响。每一次的交易也好，或者是业务中的某一次活动，都能够显著地对其价格产生比较大的影响，所以稳定性差。

此外，全球性的炒家都能够进行比特币炒作，这样难免会使比特币兑换现金的价格动荡不安。以上这些弊端都会使得比特币不适合作为投资者投资理财的赚钱工具。

（3）脆弱性的交易平台。虽然比特币数字网络系统很健壮，但是在交易的过程中，比特币交易的稳定性却极其脆弱。它的交易平台一般都会是一个网站，而黑客们会经常攻击网站，有时如果不幸运还会遭到平台关闭的厄运。

（4）处于发展阶段，还不具备保险的功能。许多未完成的功能还处于研发更新阶段，截至目前，比特币的一些功能还不是每个用户都能使用，而且也不具备保险行业的开发和使用功能。

（5）新生事物，大众尚不认可。受传统金融从业人员的抵制，活跃网民虽然了解比特币无法人为操纵和控制的特点，但大多数民众并不了解。没有发行者是比特币最核心的亮点之一，可是这在传统金融的工作者看来，“没有发行者”的货币是不存在任何价值的，没有丝毫价值，当然不值得拥有。

尽管比特币还存在着许多的不足，譬如它的受众不够雄厚和广泛、使用功能不便、数据下载和保存困难、挖矿的消耗资源多，等等，今后这些缺点会被更先进的科技加以克服，所以今后比特币还是很有发展前景的。

而且这些缺点并不能掩盖比特币的优点，比特币配得上“瑕不掩瑜”这一成语。正所谓“奇外无奇更出奇，一波才动万波随”。比特币正在成长的大路上，无疑将会牢牢地植根网络，进一步放大自身的优点。

第二节 伟大的实验品

比特币发源于2008年全球金融危机，当时有个化名“中本聪”的人发表了一篇论文，描述了比特币的最初模型：没有集中的发行机构，而是由网络链接成节点的众多网络集合的数据系统。

比特币可以使世界上每个人都可以参与制造比特币，被“挖掘”出来的比特币可以在任意一台互联网电脑上进行交易和买卖，不受地域限制。交易时不需要确认和知道用户身份信息和交易目的。

一、比特币的挖掘和难度

新比特币可以通过预设的程序编程解码制造出来，但是制造新比特币的难度会随着总量的增加而加大，这样新币制造的速度会减慢，目前，被挖出的比特币总量已经超过 1200 万个。

比特币通过数据网络“挖矿”才能得到密码，方能生成新的比特币。所谓“挖矿”也就是用计算机去解决一项复杂的密码（数学方程式）的解，它保证着比特币的网络分布式记账系统的一致性和补充性。

随着比特币的挖掘量增多，其网络会自动调整密码的难度，大约每 10 分钟得到一个正确的合格答案，找到答案的人才能得到比特币的激励和赏金。早在 2009 年比特币刚刚诞生的时候，每笔赏金是 50 个比特币，随后比特币就会以大概每 10 分钟 50 个的速度增长。

当比特币的总量达到 1050 万时（总数 2100 万的 50%），它的赏金也将会减半到 25 个比特币。当总量达到 1575 万（新产出 525 万，即 1050 万的 50%）时，赏金再减半为 12.5 个……之后以此类推，就可以知道能够得到的数量了。

虽然比特币只是一种网络化的虚拟货币，但是因为它的总数量有限，所以人们觉得它可能会物以稀为贵，因此在有些国家还可以套现。甚至也可以用它去购买一些虚拟的物品，比如网络游戏当中的装备等，只要有人愿意接受，也可以使用比特币购买生活中的物品。

二、两大经济学家派系之争

正当比特币的发展如日中天时，媒体的聚焦也达到最高峰——轮番分析比特币。最早，这些分析只是关注于比特币是不是骗局这一点上，现如今的分析往往是聚焦于比特币能不能成为未来的主流货币、它的不稳定性是不是引发通缩的导火线等问题上。

不少比特币玩家被比特币不能随意增发的限量性所吸引，然而，经济学家们和玩家的态度却截然相反。

众多的经济学家大致分为两派——凯恩斯学派和奥地利学派，这两个学派对比特币分别持截然相反的态度。

其中，凯恩斯学派认为，比特币固定总量将使货币没有了可调控的拿捏权，而且还将带来通货紧缩的风险，这将会影响国家的整体经济发展，因此政府要用货币政策来积极调控货币发行的总量，就像我们平时开汽车一样根据实际情况适时地“加油”或者“刹车”，来进行适度调节一样。

奥地利学派则认为，比特币的总量被限定导致的通缩并没什么了不起，甚至还认为这是社会进步的标志，是经济发展的标记。因此，政府干预越少越好，这有助于经济的自由发展。

根据比特币设计的原理，比特币的总量会持续增加稳定性，也许到 100 多年后才能达到 2100 万的总数。在这么长的时期内，越是往后它的增长速度会越慢。他们推算可能有 87.5% 的比特币是在前 12 年内被“挖”出来，并保存起来。从货币数量的总量角度来看不会到达，但是这期间由于货币总量的不断膨胀，这样可能造成通胀货币才是有可能的。

在经济学中，专家们预测社会经济发展是膨胀还是紧缩货币，不是依据货币总量的多少，也不是货币增加与减少的快慢，那是需要调查物价水平是下跌，还是在上涨。如果物价上升，那就意味着通货膨胀，反之便是通货紧缩。从比特币的发行机制来看，它的货币总量增长速度将远低于社会经济财富的增长速度。

如果物价持续下跌，有人就会推迟消费，他们会考虑同样的钱，明天可能买到更多的物品，那没必要今天就买。这样消费降低又会导致需求的萎缩造成商品的滞销，继而使社会物价变得更加低廉，这样就会步入循环性的“通缩螺旋”的恶性怪圈中。在通缩货币时期，即使不把钱存入银行那也会升值，这样吸引人们投资的愿望也会加强，这时，整个实体经济就会陷入低迷的困局。

名气最大的经济学家克鲁格曼，他是普林斯顿大学教授，也是2008年诺贝尔经济学奖的获得者。他从事国际贸易和国际金融理论研究多年，曾经准确地预测过1997年亚洲金融危机，因此名声大噪。货币理论也是他研究的范畴和擅长方向，他对比特币的看法是比较中立的。

以上是经济学界对于比特币的看法，那么世界各国又是什么态度呢，接下来就让我们来一起分析。

三、世界各国如何对待数字货币

在美国，各州对待比特币的态度也不尽相同，有保护的，也有抑制的。其中，北卡罗来纳州政府已将数字货币加入他们的发展章程中。“比特许可”的监管政策，是纽约州金融服务管理局推出的新政——虚拟货币活动商业许可证。但是需要花钱注册，还不能违反国家及其他州的政策条款，这样才能得到许可证。

在加拿大，对待数字货币的态度相对比较中立，该国目前的区块链技术正是国际的翘楚和标杆。据了解，在其国内目前有从事数字货币投资的公司，已经拿到首个比特币基金牌照，可见该国对新技术的支持态度还是比较友善的。

在德国，区块链技术已经得到蓬勃发展，在工业数字化方面也是稳坐全球老大的位置，该国已经承认比特币为有效财产。

卢森堡是欧洲一个很小的国家，但是对待比特币的态度还是比较大度的。政府颁发给著名的交易所 Bitstamp 合法牌照，使得 Bitstamp 迅速拓展数字货币市场取得了优势。

在英国，国内仅有很少的服务行业支持比特币等数字货币支付，国家缺少对数字货币的监管框架，使得交易所的发展仍然不明朗。

在乌克兰，政府担心数字货币给本国带来经济上的巨大损失，议会提案将比特币纳入严格的监管名单，比特币得不到发展。根本就不承认比特币是货币或者是一种支付手段。该国还抓捕过一批在比特币挖矿的矿工。

在中国，数字货币交易可谓是“不鸣则已，一鸣惊人”。正是这样的疯狂，不得不让政府担忧，最后决定在一个月内禁止。

在日本，当比特币交易在中国被决然禁杀时，日本却扛起了这重担。该国对数字货币友好，已经颁发了 11 个交易合法运营牌照。看来在日本数字货币是受法律保护的。

在韩国，有蓬勃发展的区块链技术，以及基于区块链技术的数字货币，但是政府就是没有发布对数字货币交易所的有效政令。

在印度，虽然政府态度不是很明确，却无法消减民众对于区块链的热情，由印度数字货币交易所和爱好者社区组成的协会正在跟政府积极对话和表明立场，盼望政府给予立法保护。

在澳大利亚，有望半年内推出数字货币交易所的监管措施，比特币交易能够合法经营。

在非洲，虽然大多数国家对数字货币还没有明确表态，但在津巴布韦、坦桑尼亚和尼日利亚，民众对比特币的热情不减。

综上所述，全球能获得正式牌照的交易所还是寥寥无几，毕竟牌照发放意味着国家的认可和许可。我们希望的不仅是数字货币，还有区块链技术能够真正地为人类文明进步做出更大的贡献。

比特币是一件颇受争议的社会创新性公众事件，有争议是正常的，争议是“魔鬼”和“天使”之别，却不是“之间”。尤其是数字货币的出现，经济学家们对它的认识的两极态度确实十分罕见，那就让时间来见证吧。

第三节 挖矿和验证

一、挖矿和密钥

如果谁要想挖掘比特币，只需要下载比特币专用运算工具，然后注册一个自己需要的网站，并把用户名和密码填入计算程序中，就可以正式开始挖矿了。

在完成 Bitcoin 客户端安装后，用户将得到一个 Bitcoin 地址。同时还能得到一个公开密钥和一个私有密钥，这两个密钥是保证用户财产不丢失的保障。在进行交易时，用户只要将自己的地址发给对方，就能通过客户端进行交易了。

比特币使用的是分布式计算方法，这样大大提高了安全性和可靠性保障，根据媒体报道，目前比特币的处理数据能力已经超过了世界最高端电脑的联合处理能力。可是这么庞大的比特币代码数据的开发任务却交给了无需支付工资的巨大社群成员。

那个自称“中本聪”的人究竟何方神圣，时至今日仍是未解之谜。但在比特币日常运作的过程中，既不依赖于“中本聪”，也不完全依赖于其他矿工或者其他人。比特币系统是完全透明的数据设计思路。这本身就是一项高科技创新性的发明，它已经蔓延到了分布式计算、经济学、计量经济学等许多领域。

二、论证：拥护者和反对者

比特币的发展，一直伴随着争议，当然也不乏拥护者。两派各执一词，为了证明自已的观点是正确的，他们对比特币展开了调查和研究，并进行论证。一时间，各界都在讨论比特币。

1. 克鲁格曼通缩论

一直以来，货币无论是对个人，还是对政府都很重要。个人有了货币，就有了财富，就能享受安定的生活。而政府掌控着百姓手里的财富，就能维护社会经济秩序，并为百姓提供基础设施建设。为了让货币具有价值标准，政府设定了相关的货币法定程序，以此来作为交易的媒介。

对于一个国家来说，货币是信用和权威的象征。一个国家的货币增值，就会受到人们的拥护，一个国家的货币贬值，就会面临被人们抛弃的可能。

很多投机者想出了世界通用货币的概念，这样就可以避免遭遇货币贬值的风险。

所谓世界通用货币，就是全球通用。但想要实现这一点，首先要满足“没有发行单位，不受国界的限制，不受政策监管”等条件。比特币等数字货币的出现，恰好满足了这些条件，于是投机者们蜂拥而上，并大肆炒作起来。

很显然，投机者们的这种想法，是一种违背常规逻辑的错误想法。在人类社会里想要一种货币“没有发行单位、不受国界限制、不受政策监管”，这本身就是痴人说梦。

美国经济学家保罗·克鲁格曼是自由经济学派的新生代，但对数字货币现象却很陌生。在早期数字货币刚萌芽的阶段，他虽然持反对意见，却并不强烈。他完全忽略“比特币发行数量固定，一旦后期人们需求增长就会引起通缩现象”的问题，只是抓住比特币的真实价值这一点来做文章。

显然，克鲁格曼并没有把比特币和数字货币看成经济界未来的一个重要因子，他甚至还调侃只有把黄金变成首饰，才能产生交易中的现实价值。从这一点可以看出来，克鲁格曼还沉浸在“强调货币要有法定信用”这种传统的思维模式中。他完全忽略了互联网时代的特点。

倘若克鲁格曼做一次全面又认真的调查，他就会发现，数字货币不只是社会炒作这么简单，它是互联网大发展时代的一种新生科技力量的产物。

与克鲁格曼一样，哈佛大学教授克里斯·罗伯特也对数字货币充满质疑，而且他要比克鲁格曼的态度更加强硬。他说：“如果人们不相信政府的货币系统，反而去相信电脑黑客建立的货币系统，那么肯定有问题。”

世界银行经济学家考西克·巴苏反对的声音更加强烈，他甚至直接称数字货币为“庞氏骗局”。显然，经济学界最初对数字货币都不太友好。

2. 客观公正的观点更富有现实价值

反对者的意见，并不能阻挡比特币和其他数字货币的发展。事实上，经济学家们的立场，倒是让人们更加理性地去看待数字货币。因为他们的治学态度严谨，让人不容忽视，所以他们的观点值得人们重视。

在经过仔细分析和研究后，经济学界的另一些人站出来，认可比特币和数字货币的合理性。前世界银行经济学家费力克斯·马丁就是其中的一个，他说："比特币是合理的，它也将对价值存储方式带来积极的意义。"

与马丁持同样观点的还有前斯坦福大学教授麦克米兰、《经济学人》杂志资深编辑毕晓普、哥伦比亚商学院教授戈登，等等。他们的观点，无疑给数字货币市场注入了一粒安心丸。

但这些经济学家们也指出，比特币和其他数字货币都还存在着问题，而这些问题需要各国政府参与进来，只有这样，才能解决这些问题，并让数字货币更加顺畅地发展下去。

第四节　数字货币与区块链

一、中心数据库

在互联网时代，每个人都对使用QQ极为熟悉。每次登录，我们都必须把自己的账号和密码保存在腾讯公司的总服务器上，来实现腾讯对我们每个玩家的统一管理。这样的做法既安全、又便捷。

但任何事物都有其两面性，那么这样做的坏处是什么？

例如，我们的个人信息一旦被第三方公司获取，他们会把这些信息拿去用于大数据分析，从而对我们的生活造成一定困扰。

不过，比特币中的区块链技术帮我们解决了这些困扰。因为区块链技术不需要类似于“腾讯的总服务器”的数据库，它的信息是由保证绝对正确的科学算法生成链式结构的数据，用户只需把这个数据保存在一个永不联网的电脑上，就不会有数据泄露和丢失的风险。

虽然不联网，但不用担心使用起来有困难。因为所有基于区块链的计算机系统都可以识别这些数据，所以使用起来非常方便！

二、完全去中心化

网络记账的格式主要表现为，与区块链相关的信息组合成的独一无二的链式结构，这一点保证了它的正确性，而这个链式结构的数据又因为有密码学的加密算法，所以不会被破解、伪造和修改等。

数据库和区块链技术有一个最大的不同点：数据库是中心化数据库，而区块链技术却是去中心化。也就是说，一个内敛，一个开放。只有去中心化，所有与某个区块链相关联的事务，才能在多方共享的情况下完成一次网络记账。

去中心化的好处是，这种记账一旦确定下来就不能修改，这从根本上保证了数据的可追溯性和不可篡改性。如果某个人想篡改数据，那他就必须在全球 51% 以上的电脑进行操作，然而，这是不现实的。

从理论上来说，采用链式结构算法，只要生成的链足够严密，这条信息就会作为正确的信息存储并广泛分布在链式数据库里，被所有人接受，人人都可以随时查看，这就是透明化的优势所在。

区块链技术中还有一个时间戳。它的存在是为了更进一步提高数据的可靠性。因为每条事件信息里都加入了当时的时间戳，这在更高层次上保障了数据无法造假和篡改。

正是因为有这种科学数据结构的设计构思，才使得区块链技术逐渐发展起来，其代表性萌芽事物，便是目前最火爆的比特币。

目前以比特币为起源，并以它为基础衍生出许多种类的数字货币。在数字货币发展的实践过程中，无论是安全性，还是传播性，都获得了极大认可度，而这也是数字货币价值愈来愈高的原因之一。

第五节 比特币的价值

一、比特币交易

目前，比特币发展已经日趋成熟，许多网站开始接受比特币交易，尤其是面对科技玩家的网站，更是比特币支付的先驱者。这些网站不但接受比特币支付，甚至提供汇兑业务，比如将比特币兑换成美元、欧元，等等。毫无疑问，比特币已经成为可以交易的货币了。

每个想发大财的淘金者，都可以用本国通用货币来购买比特币，还可以通过采矿来自己创造比特币，只要电脑解码能够找到正确的 64 位密码数字，就能得到一定赏金的比特币。

现在世界各地都有很多梦想发财或者出于好奇心的矿工，每天编写不同的数据不断地验证，反复解密，来与其他的淘金者竞争，在竞争过程中，就无形中为比特币网络提供了所需的数字编程。

二、比特币支付

在被投资和掘金者们竟相疯狂追风的浪潮下，北京朝阳区的一家餐馆开启了比特币支付的先河。

无论这家餐馆的老板是出于炒作，还是出于凑热闹，亦或是出于收藏，总之，不管什么目的，一个最终结果就是，在现实生活中比特币可以交易，比特币已经被商家接受了。

这家位于北京朝阳大悦城的餐馆老板称，他的饭店早在 2013 年 11 月底就开始接受比特币支付。来他们饭店吃饭的顾客可以使用比特币来支付餐费，整个流程类似于转账。

这位老板是在北京最早接受比特币的商家。在 2014 年 1 月，Overstock 也开始尝试接受比特币，这家大型网络零售商成为首家接受比特币的网络商户。

如果还有人认为比特币是没有价值支撑的比特币，那么它的身价怎么会有扶摇直上的能量呢？有人会说那可能是一场交易共谋。随着对比特币由冷到热、币值由低到高的发展轨迹进行研究，我们就会发现：比特币上述那些天生就有的独特优势是它一朝得势，不可收拾的有利能量。这非常值得我们好好研究和深思。

第三章

下一场金融革命——区块链

近年来，随着数字货币的兴起，与之相伴的区块链技术也日益受到了人们的重视。现在，无论是在比特币等加密数字货币中，还是在中国放养肉鸡等行业中，都能看到区块链的身影。关于区块链的专利也在逐年成倍增长，2016 年中国申请区块链专利 59 项，2017 年申请 225 项区块链专利，目前一些大学已经将区块链设为一门课程，供学生们学习。这些信息反映了区块链在今后我们生活中日益凸显的重要性。

第一节 区块链到底是什么

一、区块链是什么

2018 年 4 月，来自顶尖学府牛津大学的学者们创办了世界上第一个区块链大学——伍尔夫大学，这所大学的创立标志着区块链正式进入了大学教育的视野。从此，区块链成为学者们孜孜以求的又一学术课题。

简单来说，区块链（Blockchain）是点对点传输、共识机制、分布式数据存储、加密算法等计算机算法的新型技术模式，而共识机制其实是指连接区块链中不同节点，获得节点间信任和权益的数学算法。

区块链其实是比特币算法中的底层算法，它收集比特币所有的数据，更新交易记录等信息。它像一个勤恳的记账管家，承载着比特币中所有的基本信息，而其技术的专业性、可靠性、不可复制性以及不可篡改性等特点，逐渐被金融行业所关注。

从狭义方面讲，区块链是一种按照时间顺序承载所有信息的数据结构，它以绝对安全的属性和严谨的保存方式保证了其不可篡改、不可伪造的权威性。

从广义方面讲，区块链是利用其链式数据结构来存储和验证所有信息，利用分布式节点的共识算法来完成数据采集，还利用其密码学方式来对数据的安全性进行保障，利用自动化脚本生成的智能合约来约束和使用数据的一种全新的计算模式。它的安全性、严谨性和科学性是有目共睹的，也是目前金融界所向往的权威。

二、区块链的架构是怎样的

在一般情况下，区块链由以下几部分组成：数据层、网络层、共识层、激励层、合约层和应用层。对这些部分进行细致的分析，我们可以看到它们是这样的：

（1）数据层。数据层封闭了最底层数据，包括时间信息、数据信息、更新信息等，并对收集而来的数据进行高水准的加密，以保证其安全性。

（2）网络层。网络层包含数据传播机制、分布式组网机制和数据验证机制等。

（3）共识层。共识层主要收集各个网络节点的共识算法。

（4）激励层。激励层是将所有涉及到经济利益的问题收集到区块链体系中，设定主要的经济分配制和激励制。

（5）合约层。合约层主要收集算法、脚本和智能合约，是保证区块链可以进行编程的基础。

（6）应用层。应用层是收集区块链中的各个场景和例子等进行比对。

在这个模型中，对于区块链中的区块结构、共识机制、经济激励和分配制度来说，灵活的、可以进行编程的智能合约，是区块链技术中最为闪亮的技术创新。

这样的架构，让区块链在实际应用中完成两种记录：一种是交易（transactions），另一种是区块（blocks）。

交易的数据是被收集在区块链上的实际数据，是参与者在交易时正常的交易信息（加密数字货币时，一笔交易是由 bob 将代币发送给 alice 所创建的）。

而区块则是由称之为矿工（miners）的单位负责创建，它记录着交易的时间、内容、节点等的部分信息。

区块链这样的架构，有无可比拟的优势：可以防止交易双方矛盾的发生，因为其时间节点在任何时候都可以创建交易，在经过时间的确认之后，便可以知晓双方的交易是否有效，从而自然地避开了矛盾的发生。而且，区块链的特殊技术也意味着想要篡改交易记录的成本是非常高的。

三、区块链有什么特征

让人们既好奇又陌生的区块链，都有什么特征呢？我们来分析一下，区块链有以下几个特征：

（1)具有开放性特征。除去交易的关键信息，比如人员时间等加以保密，其他的区块链数据都是对外开放的，用户可以在这里找到自己想要的所有信息，包括数据开发应用程序等，高透明度的信息吸引了不少想要研究和采金的人们。这也证明了区块链的权威性和安全性。

（2）具备十足的安全性。进入区块链的信息都会被永久封存，若想篡改这些数据必须要控制系统内超过 50% 的节点，这在目前的操作上是基本不可能的，所以数据被篡改的可能性也基本为零。

（3）具有去中心化特征。因为其技术是分布式存储，所有信息没有常规地集中在某一处的弊端，所有信息都是均匀分布在各个节点，均匀控制、均匀存储，而维护也是由各个节点来进行的。

（4）具有匿名性特征。由于节点之间的交换遵循固定的算法，其数据之间的相互交汇是无需信任的（区块链中的程序规则会自行判断行为是否有效果），因此交易对手无须通过公开身份的方式让对方对自己产生信任，对信用的累积非常有帮助。如果有别有用心之人想用公开自己身份来获得系统信任也是不可行的，因此保证了其安全性。

（5）具有自治性的特征。因为区块链的特殊技术，节点与节点之间能够遵循一些公开有效的方法来完成相互之间数据的交换，这也就意味着机器是遵循着一定的范围进行自行治理的，这是无论什么样的人都改变不了的。

区块链的这些特征，让它在互联网时代独树一帜。

四、区块链可以应用的地方

区块链的特性，决定了它会被广泛应用在社会各个行业中。那么，让我们来看一看，它都被应用在哪些行业中。

1. 开发相关行业

在游戏开发行业中，有很多游戏玩家都因为中心化问题，自己的利益得不到保障，为了盈利，游戏设计者们无所不用其极，设置各种程序让用户充值。这种关系链属于掠夺式的，游戏设计者一旦跑路，玩家的利益就会遭受损失。

而区块链技术的问世，给游戏玩家们吃了一颗定心丸。因为区块链的不可篡改和去中心化，解决了这些场景中的资金安全隐患和不公平性。

就拿 Decentraland 这款小游戏来说，游戏开发者只保留了部分代币，余下的全部公开销售。因为融入了区块链技术，所以游戏完全去中心化，无论玩家们怎么交易，开发者都不收取费用。

Colu 是首个将各种资产来“代币化”的企业，也是首个可以允许其他的企业发行货币资产的企业。

和允许发行简单代币的比特币钱包 Counerparty 不同，Colu 的代币可以随心所欲地设置类型和各种状态，随意切换是否回到这个系统，还能在区块链上存储数据过多的时候自动将数据转存在 BitTorrent 的网络上。

2. 房地产行业

当前，社会的房地产行业高速发展，我们可以利用区块链来解决房地产行业面临的各个环节的问题，比如土地登记环节、命名过程，等等。

在区块链技术的参与下，我们无须在产权公司和律师的参与下进行资产分配，因为我们只需要通过智能合约，就能将房地产合同、第三方托管的契约和财产记录等流程完成。

之所以这样说，是因为区块链的特性，能确保买方获得所有权，卖方获得现金或数字货币。

3. 关于艺术的行业

Ascribe 建议艺术家们使用区块链技术进行艺术品的编号发行，声明艺术品的所有权等等，是可以针对任何艺术品的数字形式，其中还包括了一个艺术品交易市场。

艺术家们可在此平台进行艺术品的拍卖等，而无需担心费用问题，因为其不会收取任何费用。

4. 互联网行业

其应用场景分析如下：

类似于 PM2.5 监测数据的获取，服务器的租赁使用，网络中的摄像头、数据的调用等，通过 Transaction 产生使用者想要的行为，为每一个使用的设备配备一个地址，在该地址中充值一定的费用，可以使其执行设定好的相关动作来获取想要的数据，这就是所谓的物联网。

还有就是，随着物联网使用需求的增加，Edge 的计算需求也在逐渐增强，所以大量设备中的节点要满足容错能力高、相互自治的要求，而区块链技术则正好可以应用到此情境中，满足了此情境的需求。

IBM：在 2015 年年初，IBM 与三星宣布合作研发 ADEPT 系统，而在此之前 IBM 一直在研究关于怎样降低物联网的应用成本，而区块链技术刚好填补了此项的空白，区块链的出现也将结束其对降低成本的几十年的研究。

5. 物流行业

物流行业是个需要高度信息透明的行业，具体表现为货物到达的地点、到达时间、领取时间、领取人等多处关键环节。

如果不能达到这样的信息透明度需求，则意味着物流行业的溃不成军，即其无法满足客户的要求，会造成大量的货物轨迹不透明，货物时间不透明等问题，这些问题对于物流公司来说其实是致命性的。

而因为区块链技术的特点，其实时记录时间的功能，通过区块链建立相关平台可查看物流信息等功能，就意味着区块链技术的应用对于物流行业来说是革命性的成功。这将减少大量因信息不透明带来的问题，从而提高效率，提高客户满意度。物流行业被认为是区块链很有前景的应用领域。

比如运发货方可利用扫描二维码的方式，来确定货物是否已经到达目的地，并收取已经约定好的费用，可以参考区块链如何变革供应链金融和区块链给供应链带来透明。

Skuchain 的创建是基于区块链的新型供应链的解决方案，它能够实现商品的运送和费用的收取同步的问题，同时有可能缓解假货问题。

6. 保险行业

在 2014 年年底，英国著名的 Z/YEN Group 咨询集团发起长达 50 页的《终身之链》专项研究报告，就从很多方面对区块链对保险业带来的变革和创新进行了讨论和研究。

在国内，从众多保险行业的专家学者的交流中可以得知，不管是从业务流程还是从公司管理等多个角度思考和研究，都认为区块链的应用是必然之趋，而区块链的应用也必将给保险行业的信用管理作出不小的贡献。

第二节　共识算法

在区块链中，最关键的一个部分，就是共识机制。

所谓共识机制，就是系统中的所有节点通过公示共同默认的计算方法和记录手段，这也是保证其安全性、不可篡改性的一个重要关键点。

区块链中有四种不同的共识机制，它们能应付各种不同的场景。所以可以取得一个良好的平衡，各自工作，没有影响。

我们以比特币为例，比特币采用的是使用工作量来证明，即只有控制了51%的节点才有可能来完成一条不实际的记录，而因为节点数量的庞大，这也意味着数据是不可能被篡改的，从而杜绝了数据作假的可能性。

在区块链网络中，共识算法决定了谁可以拥有出块的权利。获得了出块的权利就等于得到了出块的奖励，也就是代币，比如在比特币区域出块，那得到的自然就是比特币。

共识算法的好与坏，直接决定了整个区块链网络的分叉概率和出块效率。目前区块链网络常用的共识算法有：POW、POS、PBFT、RAFT 等。

一、POW

Proof Of Work，就是工作量证明。POW 共识算法主要是通过计算设置的难度值来决定谁来出块。POW 的工作量，其实就是方程式求解的问题，即谁先解出来，谁就获得了出块的权利。

大部分的数字货币，比如莱特币、瑞泰币等都是基于 POW 模式的共识算法。也就是说，在挖矿过程中，你的挖矿时间越长，算力越高，你得到的货币就会越多。

比特币区块链网络使用的也是 POW 共识算法，这时矿工们一般会凝结在一起，因为一个矿工面对如此复杂的方程式基本上是没有办法解答出来的，POW 一直以来都因为其复杂性即所有节点都要计算，而正确答案却只有一个而被人们诟病，因为这样计算太过耗费时间和精力。

二、POS

Proof Of Stake，权益证明。POS 共识算法就是谁拥有的股份大，谁就有出块的权利。

简单来说，就是在股权证明制度下，根据持币者持有货币的时间和量来发利息。只要你持有币，就会有利息。

在发展过程中，POS 共识算法出现了许多的变种，而话语权大即表示支付额度大，所以没有绝对的出块者，只是增大机会而已。

三、PBFT

Practical Byzantine Falut Tolerance，就是拜占庭容错算法。PBFT 共识算法表就是将参与人员平均分成三组，如果表决大于三分之二则表示表决成功，反之就是失败。

该算法实现主要分为以下几个步骤：

（1）客户端给节点发请求。

（2）主要的节点通过广播的形式发给其他副节点。

（3）所有副节点向所有节点发送请求。

（4）准备阶段的节点向节点发送确认的信息。

（5）确认阶段的节点给客户端发送信息回复。

四、RAFT

RAFT，一致性算法。RAFT 共识算法是基于 Leader 选举的一种协议。只要有一半以上的达成共识即可通过。

区块链的共识算法也不是无可挑剔的，有时候也会出现比如节点不答应、网络差、出块超时等问题，这就需要随着时间和技术的推移不断地探索和改进，才能够避免发生这样的问题，而关于这样的完美，我们恐怕要拭目以待了。

第三节　可信任计算

区块链上收集的信息，除了对隐私信息的高度保密，其他都是对外公开透明的，要想获得加密信息，除非是得到管理者的授权，否则是不可能的，这也最大程度地保证了客户的隐私和网络数据的安全。

尼克·萨博将区块链如此受关注的原因做了总结，原因有两个：一是区块链计算机；二是信托代码。

一、区块链计算机和信托代码

区块链计算机，就是根据共识技术和密码学，将区块链数据架构中所有数据创建不可伪造证据链。

信托代码，是指区块链中需要可靠安全的应用代码。尼克·萨博表示，要运行一个安全性能很高的区块链计算机，是需要付出极高成本的，所以只有在非常有必要的情况下才能去使用它。

现在随着手机电脑的普及，很多人可能会看到这样的现象，即可以将这一交互的另一端运行在其他设备上，其实这体现的是对未知权限的管理者的一种信任，实际上这些机器都是被设置成可以被一个人或一组被信任的什么人来进行控制的。而这个管理者可以任意对设备上的数据进行删除，修改甚至是损毁，即使发送的信息是加密的，其实从严格意义上讲，它们并非是绝对加密的，也是可以被控制的。

现在我们信任的网站，其实并非是完全可以相信的，因为我们非常容易遭受来自外界的攻击，令网站不能按照我们的指示操作，不能保证我们的绝对安全，而这时如果是服务器的管理者想要篡改用户指令或是其他，其实是没有有效机制可以进行阻止的，只有成本高昂，限制于一国之内的人类可以阻止它。

而服务器的脆弱不同于商业协议。以电影院为例，我们可以进行现金交易，所以没有人能够一手操纵这些现金，也就杜绝了此类问题，虽然现金交易并不方便和完美，但是却能够有效阻止不安全事件的发生。财务控制和信托交易的可验证性，这一点强过网站服务器，同时也能够尽可能地减少顾客隐私外泄。

在互联网上，我们无法进行现金交易，只能依靠互联网平台来进行支付，而在金钱支付时，难免会遇到提交自己个人信息的情况，这就使得我们的信息容易泄露，这就造成很多人担心隐私问题而规避线上支付，因此完全的线上交易也不现实。

但是，在计算机技术高速发展的今天，我们越来越依赖于计算机带来的便利，而这种便利却让我们不得不以牺牲自己的隐私信息为代价接受未知的风险，而区块链的出现，改变了这一现状。

和一般的计算机有所不同，区块链计算机是虚拟的，它的安全是由共识技术和密码学来保障的。有了这些保障，数字货币的网上交易也就成为可能。

二、信任最小化

除此之外，区块链计算机和传统的网站服务器也有所不同，区块链计算机是根据多人控制的传统计算机获得的数据进行设计。在这个过程中，参与提供数据的每一台计算机都能检查其他计算机的工作，从而识别安全的命令并去执行它。

信任最小化的意思，是让你相信代码，而不是远方计算机的操纵者。区块链的安全运行可以让某一地区的智能手机用户与另一地区某人控制的计算机进行无机构介入的交流，不管控制计算机的人在哪里，他们都可以在区块链的安全范围内进行有效的交流，与网站服务器技术相比，区块链计算机提供的是更好的安全性和可靠性。

与电影院的各个岗位人员不同，区块链是数以千计的计算机在一起依靠某种特定程序进行指令的处理，而因为它们数量的巨大，所以对安全可靠性做出了极大的贡献。

有很多人常常把“去中心化的”区块链和“中心化的”网站或者中心化的机构进行比较。其实，与密码学相关的中本聪共识和高度分布化，才是区块链可靠安全的保障，而不是去中心化。要知道，密码学技术为区块链提供了不可伪造、不可篡改的数据链，而去中心化或者点对点（P2P）技术并不能提供这些数据。

三、区块链计算机的缺点

当然，并不是区块链计算机就没有缺点。它的缺点之一是，网站服务器要比在线分布式区块链快很多，而区块链成本更加高。因此，我们只能讲安全可靠性应用于必要的环节之中：我们称之为信托代码（fiduciary code）。

出于对成本的考虑，我们只有当网站服务器的可靠性和安全性达不到要求时，才会在区块链上运行代码，这样配合使用的效果更好。而区块链让我们在网上变得更加信任，这是很好的事情。

我们一直在思考应该运行什么样的信托代码，这将是会通过类比管理传统信托机构的传统法律条款，用来思考信托代码的应用。

信托代码因为不用考虑管辖权问题，而有可能被应用到以前传统意义上的只有商业法律才能实现的功能上。比如产权注册，注册合法资产，控制链上资产，安全地保管资产。我们可以将比特币比作是产权，区块链用来控制硬件，而这个硬件控制财产的功能和入口，等等。

第四节　分布式账本

一、区块链的本质：分布式公共账本

说了这么多，区块链的本质究竟是什么呢？

让我告诉你：区块链的本质，就是一个分布式公共账本。

那么，什么是分布式公共账本？

比如，在一个使用区块链技术的车间，员工的每一项工作都被区块链服务器记录，在完成一天组装 100 台机器的情况下，他们可以自行离去，做别的事情。那么，实现这个目标相对简单，可如何来监督这个目标的准确性呢？也许有的人只组装了 50 台就走了，有的人则超额完成了任务。首先，使用了区块链技术的服务器会根据算法准确记录每个员工的组装台数，这样就从根本上保证了数据的正确性。

但也许会出现这种情况：有的人明明组装了10台，却声称组装了100台，这种情况该怎么应对呢？因为区块链采取了P2P技术，每个人在一天的工作行为都会被记录在区块链的数据库里，生成一条链式结构的数据，包括组装成功的台数、组装失败的台数，这样，每个人在一天的工作量数据也是不尽相同的。而这些数据就是工作量的体现。

同理，如果这个工厂在国外也采用区块链技术的话，即使该工厂采用了无人职守的方式，也可以保证员工的工作量。因为所有人的工作量都会以链式结构的数据保存在分布式公共账本里，这样的话，所有人都会严格执行工厂的规章制度，因为这些节点会被记录下来，不遵守的话就会受到所有人的指责。因为在这个工厂车间的应用中，所有人的工作成果是发布在公有链上的，这意味着所有人都可以看见，所以在最大程度上保证了公平公正。

这就是传统行业的中心化与区块链所提倡的去中心化的本质区别。在去中心化的世界里，用户只需要拿到自己手中的信息，去分布式网络中的任何一个节点，便可以验证该信息的合法性。因为不论是所谓的客户端，还是服务端，所有人使用的都是区块链技术，只要用户拿出区块链算法生成的结果，对方的计算机就可以迅速识别出来。

二、分布式结算在比特币中的应用

比特币作为最火爆的虚拟货币之一，区块链的分布式算法在其身上得到了鲜明的体现。

1. 比特币的获得

除了市场上流通的比特币以外，用户还可以利用电脑打出 64 位数字并反复解密，与其他想要开采比特币的人员进行竞争，竞争则是通过为比特币网络提供数字，即可获得比特币。如果电脑上自行创造出了数字，则可以获得 25 个比特币的奖励。由于比特币系统采用的分散化编程，在系统内每 10 分钟内只能出 25 个比特币。

目前，市面上流通的比特币大概有 1600 万个，这就说明比特币系统是可以自给自足的，只不过该系统可以通过编码的方式来抵御通胀，有效地防止了其他人对代码的破坏。

2. 比特币的交易模式

比特币类似于市面上流通的电子现金，如果想要交易，则交易双方需要使用“比特币钱包”和“比特币地址”。

在汇款方完成汇款后，按收款方地址将比特币直接付给对方，这里需要注意的是交易双方一定都要具备“比特币钱包”和“比特币地址”才能完成交易。

比特币钱包注册地址为：blockchain.info/wallet/new。

比特币地址由字母和数字构成，大约 33 位，开头第一位数为 1 或者 3，例如“1DQe9F3agsDcr4qovkLJ8DV1tuSwMF7r3v”。

比特币软件可以自动生成地址，生成地址时也不需要个人提交信息，地址是可以离线进行的，并且可以使用的比特币地址可以超过 2 个。

这里还要注意的是比特币和地址往往是成对出现的，它们就相当于我们平时使用的银行卡和密码，比特币地址就是银行卡号记录着用户的比特币数量，而私钥则相当于密码，只有知道密码才能用得了银行卡上的钱，所以，私钥和比特币地址在使用时缺一不可，拥有比特币的人可要注意了。

而在比特币的交易数据被收集到一个区块后，交易才算是初步的确认，而当一个区块链接到前面一个区块时，交易会得到再一次的确认，只有在连续得到 6 个区块的确认之后，这个交易才算是真正的成功了，并且这个交易是不可撤销、不可逆转的。

这些交易信息全部都会被收集在区块中永久保存，即使是新的区块加入区块链也不会被移走。所以区块链实际上是一群分散着的用户节点，由所有参与者组成的分布式数据库。而有些用户并不希望这些信息存储在自己的节点中，所以为了解决这部分用户的需求，又引入了列函数机制，这样用户就能够将自己不需要的信息自行剔除了。

第五节 时间戳

一、时间戳的概念

时间戳，是指区块链中的一个字符序列，表示唯一的标识某一刻的时间。数字时间戳技术是数字签名技术里的一种现象的应用。

在商业合同的使用中，时间和签名都是非常重要、也容易被篡改的信息，所以在科技日益发展的今天，作为网上电子商务安全服务项目之一，数字时间戳服务特意提出了电子文件的日期和时间信息的安全保护策略，它包括了以下几个方面：

（1）文件的摘要；

（2）DTS 收到文件的日期和时间；

（3）DTS 的数字签名。

想要获得时间戳，用户需要将加时间戳的文件用 Hash 编码加密形成要点，然后将要点发送到 DTS，DTS 将收到文件要点那一刻的日期和时间信息加密到该文件中去，就形成了数字签名，然后发送给用户，这就是时间戳。

与传统签署文件有所不同，书面签署文件的时间是由签字人写上的，而数字时间戳却是由认证单位 DTS 来加的，以 DTS 收到文件的时间为依据，这样就最大程度地保证了时间的精准性。

二、时间戳的法律效力

时间戳和传统签署一样具有法律效力。但要注意一点，自己创建的时间戳是没有法律效力的，想要让时间戳具有法律效力，该时间戳必须是可信时间戳。

1. 可信时间戳

何为可信时间戳？由中国科学院国家授时中心和北京联合信任技术服务有限公司联合建设打造的联合信任时间戳服务中心，根据国际时间戳标准《RFC3161》签发的时间戳，就是可信时间戳。

因为这两家机构是国家法定授时机构，所以由他们来签署的时间戳，不但能证明各种电子文件和电子数据在某一时间点已经存在，并且完整可验证，而且具备法律效力。

《中华人民共和国电子签名法》里，可信时间戳是对数字电子原件形式要求的必要技术保障。

2. 时间戳的应用

虽然现在还有很多人对时间戳没有清晰的印象，但早在 2008 年，时间戳就已经在法律上担起了它的职责。

2008 年 11 月 25 日，在广东省深圳市龙岗区法院，开庭审理了“利龙湖”一案，该案件涉及知识产权纠纷，于是审判厅便依据最高法院的知识产权司法保护活动的要求进行了开庭审理。

许多人纷纷入庭，旁听了这次审判。在审判过程中，法官采用了时间戳为依据，并以此作出案件宣判。

宣判过后，案件的当事人都未提起上诉，也就是说，大家都认可可信时间戳作为法律依据的这一事实。

随着互联网时代的飞速发展，可信时间戳的应用也越来越广。时间戳不只是应用在知识产权方面，而且还应用在医疗领域方面。

2010 年 11 月 14 日下午，国家卫生部召开了可信时间戳与电子病历法律效力研讨论证会。参加这次会议的除了可信时间戳的授权方国家授时中心和联合信任时间戳服务中心，还有医政司、政策法规司、医院管理研究所、卫生部统计信息中心、协和医院、北大人民医院、北医三院、北京市西城法院法官、中国医院协会自律维权部、国家法官学院等部门。

在这次会议中，有关领导和与会专家深入地探讨和论证了可信时间戳在我国电子病历法律效力问题方面的应用。一致认为，TSA+CA 的模式能够有效地解决电子病历法律效力的问题。从此，可信时间戳在医院进行试点应用。一旦相关技术标准和法规的研究出台，就会在医院广泛采用。

第六节　区块链与数字货币

现今央行提出的数字货币，首先让人想到的就是名噪一时的比特币，虽然比特币具有很多可以与黄金媲美的优点，但是比特币和央行提出的数字货币还是有着些许差异的。

一、央行的数字货币和比特币的区别

其实早在2013年年底，包括央行在内的五部委就明确了比特币的性质，通知认为，因为比特币并不是由权力机构发行的，所以它不具备货币的强制性和法偿性等特点，所以比特币并不能算作是真正意义上的货币。

如果从比特币的性质上分析，它是一种虚拟商品，自然不能作为货币在市场上流通，并且因为其缺乏权力机构的权威保证，一旦出现问题也是无从约束的，因此比特币交易的风险还是存在的。而这个通知一出，比特币则在 1 天之内跌了 2000 元。而如今，央行宣布推出的数字货币也必然和比特币有所区别。

首先，这个数字货币是由中国的权力机构发布的，所以其权威性不可置疑。对于发布之后的使用和流通，政府都会有一系列的保护措施，所以不同于比特币没有发行方，加之黑市交易的缺点，数字货币的发行必然是不同于比特币的。

其次，由政府发行的数字货币也会维持在一定的稳定范围内，而不是像比特币一样价格动荡。

另外，央行发行的数字货币结合互联网时代的大背景，必然是可以大范围、全球化使用的，这一点也区别于比特币的小范围使用的缺点。

二、区块链技术在数字货币方面的应用

中国人民银行是中国最权威的货币发行单位，他们认为，数字货币的发行必然会提高银行对资金的监管能力。

数字货币的发行也可以减少洗钱、逃税漏税等违法犯罪行为的发生，这对于整个社会的团结稳定也是多有益处的。

此外，数字货币的发行还将促进我国金融基础的建设，进一步完善我国的支付体系。

而针对银行想借用数字货币的发行来提高交易透明度的需求，区块链技术刚好可以满足。因为区块链具有去中心化、去信任化等特点，可以保证在数字货币体系中的数据都是透明的，并且安全性非常高，基本不会出现被篡改等情况的发生。

随着区块链技术的应用，全国很快便可以建立起一部总的账本，做到每一笔钱都有源头可追溯，因此数字货币的发行可以杜绝洗钱、逃税漏税等事件的发生。

区块链的技术应用，还可以解决数字货币交易中的公民信用问题。因为其技术的安全性，没有人可以篡改数据，所以每一个人都可以放心和对方进行转账交易等，这样无形中就降低了信用识别成本和维护成本，可以借此积累企业或者个人的信誉。

而对于提升数字货币控制力方面，区块链也有着与之相对的应用技术。根据汇丰银行发布的报告显示，中央银行被允许将区块链技术用于政策当中，这标志着区块链技术已得到权威机构的认可。

综上所述，我们可以看出区块链技术与央行推行的数字货币需要的技术不谋而合，所以在未来，区块链技术将很有可能被运用到央行的数字货币当中。

第四章

数字货币盘点

当前，数字货币在世界各国广泛流行。数字货币的出现标志着人类进入了数字货币时代。目前全球共有超过1300多种数字货币，并且不断有新的货币出现。现在除了为人们广为熟知的比特币之外，还出现了莱特币、瑞波币、狗狗币、以太币等数字货币。

2017年全球数字货币总市值规模一度突破6000亿美元，年度最大涨幅达到3497.98%，数字货币种类增加至1334种，无论从总市值规模还是币种数量来看，都实现爆发性增长。

第一节　比特币的发展历程

一、从让众人误会到向主流流通货币的转变

2008 年金融危机让不少人印象深刻，当时有人化名“中本聪”发表了一篇关于比特币的论文，描述了比特币的特点。比特币不是由政府权力机构发行的，而是因网络节点而生，即所有人都有可能获得比特币，都可以参与到比特币的拥有过程中来，并且借助互联网可以在全世界范围内流通，不受时间和地点限制，随时随地都可以进行比特币的交易，并且不用担心自己的隐私泄露等问题。

2009 年，不是由国家权力机构发行的、不受国家权力机构控制的比特币正式诞生。

比特币是一种由计算机生成的复杂代码组成的电子货币。而新的比特币则通过特殊程序的设定，随着数量的不断增加，比特币的生成速度也会随之减慢，直到2014年比特币的总数量达到2100万个，被发掘出来的比特币超过1200万个。

1. 主流媒体的关注

比特币的出现很快引起主流媒体的关注，最初的报道大多是请经济学专家分析比特币是骗局的可能性，而现在是围绕着分析比特币成为未来主流货币进行流通的可能性，这其中的转变也是因为比特币的通缩特性引起的。而前期很多玩家被比特币吸引是因为比特币的不能随意增发的特性，这才引起了他们的兴趣。

凯恩斯学派的经济学家们提出，比特币将会影响正常的货币市场，建议政府使用货币政策对比特币进行调控。他们认为比特币的总量设有上限的性质会导致通货缩紧，从而可能会影响整个经济体，这对经济总体发展是不利的。而奥地利学派经济学家们却持有不同观点，他们认为比特币的出现并不会影响经济体，反而是社会进步的一大标志，建议政府无需干预。

比特币的出现是兴趣者们挖矿的结果，即兴趣者们使用计算机计算出复杂的方程式结果，并以此来保证比特币系统中的分布式记账的一致性，而比特币会根据系统自动调整问题难度，以此保证每10分钟只有一个答案是正确的，而此时比特币网络才会将新生成的比特币作为奖品奖励给符合答案的人。

2009年比特币诞生初期的生成速度并不是每10分钟1个，刚开始的时候比特币的生成速度是每 10 分钟 50 个，以此类推就是每 10 分钟 50 个的比特币总量的增长速度，当总数量达到 1050 万个的时候，比特币就由原来的每 10 分钟 50 个减少为每 10 分钟 25 个，即在原来的基础上每 10 分钟的数量减半，以此类推，可以计算出比特币在 100 年后的总量上限是 2100 万个。但是因为比特币的增长速度呈递增式减慢，所以通过计算可以看出，比特币总数的 87.5% 在比特币出现之后的 12 年就被“挖”出来了。所以，其实比特币总量并不会达到绝对的固定值，实际上比特币总量是在不断膨胀的，虽然它的增长速度是越来越慢，其本质应该称比特币为通胀货币才对。

2. 膨胀还是紧缩

而要判断货币是膨胀还是缩紧，其实依据并不是其总量的增加或减少，而是要看物价是上涨还是下跌，如果物价下跌则是通货紧缩，而物价上涨则是通货膨胀。而从长远的角度来看，比特币的特殊机制决定了比特币的总量是赶不上社会财富的增长速度的。

凯恩斯学派的经济学家们有人提出，如果物价持续性下跌，会让人们选择推迟消费，即对需要买的东西要思量再三，这会降低消费意愿。而因为人们消费意愿的降低，又会导致商品滞销恶性循环。而且，通缩货币即使没有被存入银行，其也会增值，具体表现为购买力越来越强，人们的投资意识也会加强，社会生产意识降低，对比之后我们不难发现其实比特币是一种具有通缩倾向的货币。而在以比特币为流通货币的经济体中，比特币的商品将会呈现价值持续下降的趋势。

比特币作为虚拟电子货币，其运用在游戏中购买装备的比较多，当然，如果有人愿意接受，我们也可以将比特币作为流通货币来购买商品使用。

二、比特币重大事件回顾

2009年，比特币出现。2011年，有黑客利用黑客技术将25000个比特币转入自己户头，而这些比特币的价值大概在50万美元左右，虽然失主已经在网上公示了这起盗窃案，但是因为黑客技术原因和其他因素，导致这起盗窃案无迹可寻，这也成了第一个被盗的比特币案件，而这个黑客至今没有被找到，他也成为了第一个偷窃比特币并成功的人。

2012年，因为网站托管供应商Linode的服务器故障导致超级管理密码泄露，因此造成了46703个比特币的失踪，这些比特币的总价值为228，845美元。后来在追踪中发现，比特币交易平台Bitcoinica损失了超过4.3万个比特币，来自捷克的程序员Marek Palatinus损失了另外3094个比特币，而这次失窃案件中也包括了比特币的首席程序员Gavin Andersen的5枚比特币。

2013年2月17日，社交新闻网站的Reddit表示客户可通过比特币进行付费，而在此之前，博客平台的WordPress也早已宣布，可以接受比特币作为流通货币进行付款，这就意味着在接受比特币的付款方式后，他们将可以接受来自世界各地的任何国家用户的比特币支付。

2013年2月18日，Kim Dotcom通过Twitter宣布，也将接受用户使用比特币来对云存储服务进行支付。

2013年2月19日，比特币Bitcoin-Qt0.8.0版发布。

2013年3月6日，比特币价值超亿美元，成为了历史高位。

2013年3月12日，由于比特币网络故障导致比特币价格大跌。

2013年3月20日，比特币的价格一举突破60美元大关，成为了历史新高。

2013年3月21日，重要版本更新0.8.1版本。

2013年4月4日，比特币价值达到历史最高，突破1050元人民币。

2013年11月18日，比特币单价上涨约249%，成交价单价已达3490元人民币。

2013年11月19日，比特币单个成交价格可兑换人民币约8000元人民币，较2013年年初时上涨了将近80倍，但是截至11月20日16时32分比特币价格又已跌至4383元人民币的单价，较前一交易日最高价下降了45%。

2013年11月28日，比特币单价第一次突破1000美元。

2014年2月7日，Mt.Gox因遭到黑客攻击而决定临时停止比特币提取业务，这一举动引发了交易市场的混乱和诸多用户的不满。

2014年2月28日，Mt.Gox宣布，因为交易平台中的85万个比特币被黑客盗窃一空，而根据当天交易的情况来看被盗的比特币损失约为4.67亿美元，之后公司便向东京地方法院提出了破产申请。

2015年1月6日，Bitstamp比特币交易平台作为世界第三大比特币交易所也因为黑客的攻击丢失了540万美元，折合约3350万人民币的比特币，其公司也因为此次被盗被迫停止所有比特币的交易，而这次黑客的攻击给Bitstamp比特币交易平台带来了约19000个比特币的损失。

2015年5月4日，一种名为CTB-Locker的比特币病毒疯狂传播，持有比特币的用户一旦感染此病毒便需要支付赎金才能够进行病毒清除使用，而敲诈者被悬赏300万仍未有消息。

2017年6月5日，根据火币网报价显示，在中国国内比特币的单价突破了20000元人民币。

2017 年 9 月 14 日，比特币的中国团队决定即日起停止新用户的注册，9 月 30 日起数字资产交易平台停止所有比特币的交易业务。

三、比特币又涨回来了

比特币行情一直都是起起落落。就在 2018 年 5 月 5 日晚，在多个交易平台上，比特币显示的交易价格均突破了 9900 美元，其中，OKCoin 的平台报价更是高于 10000 美元。而根据 OKCoin 平台 2018 年 5 月 4 日的分析，比特币的高价位源自于自 5 月 3 日起的持续性高价位，并且在过去的 24 小时里，比特币出现了大量买入的情况发生。

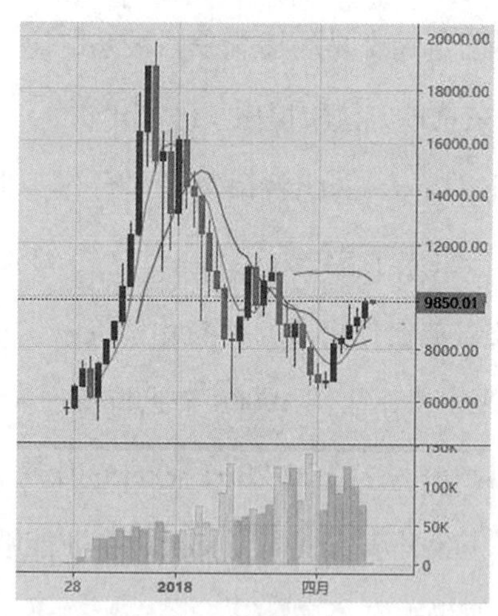

图 2　OKCoin 交易平台的比特币价格走势图

资料来源：观察者网（上海）2018.5.6

四、比特币的二次疯涨

据美国投资研究平台 Seeking Alpha 的报道称，比特币自 6500 美元价格后便一路飙升，在不到一个月的时间里，比特币的上涨幅度甚至超过了 4 成，这让很多早期的投资者们从中获取了不少利益。

Cracked Market 的 Jani Ziedins 说："目前看，比特币会保持在 9000 美元上方。但需要注意后劲不足，已经无力继续向上。"他还警告人们说："尽管数字货币再度兴起，但不要指望它会一路向上。人们需要格外小心，比起往里投钱，卖出是个更好的选择。"

2017 年，比特币的价格一度飙升到历史最高值——近 20000 美元。

2018 年 1 月，比特币出现了暴跌趋势，下跌幅度甚至超过了 30%，和 2017 年的价值封顶值相比，已经跌去了价格的近 57%。

2018 年 2 月 6 日，比特币的交易价格跌破了 6000 美元。

虽然比特币价格下跌严重，幅度令人担心，但是比特币投资者们选择退场的人却并不是很多，究其原因，是很多投资人已经被比特币套牢，如果低价卖出心有不甘，所以只能静静等待，说起来也无奈得很。

第二节 以太坊

一、什么是以太坊

比特币首先开创了去中心化的密码货币，它以其自身高水准的技术性和超高的安全性，获得了用户和市场的认可，这也证明了区块链技术的成熟和安全性。

区块链其实是一套分布式的数据库，加上比特币符号，在规定的程序内进行安全转移无需信任第三方的货币传输体系，这就是比特币网络。

然而这并不意味着比特币的完美，其中协议的扩展性就是一项明显的不足之处。在比特币的网络里因为只有一种符号，所以无法区分股票和债务等信息，也就意味着这将会以牺牲一些功能为代价。

另外，比特币中使用的基于堆栈的脚本语言，并且不足以构建出更高级别的应用程序，虽然脚本语言灵活却无法实现，例如去中心化的功能等。而以太坊很好地解决了这些问题。

以太坊，是一款能够在区块链上实现智能合约开源的底层系统。自以太坊诞生以来，仅仅3年多时间，就已有200多个以太坊应用产生于世界各地。说白了，以太坊其实是一种编程语言，它能够使支持开发人员建立并发布下一代的分布式应用。

2013年年底，以太坊创始人 Vitalik Buterin 宣布正式启动以太坊，随着项目的正式启动，为期42天的以太币销售也随之而来。

2016年，以太坊的技术得到了用户和市场的双重认可，至此以太币的价格也开始节节升高，在价格大涨的同时，也吸引了很多以太币爱好者一起进入以太坊的世界。同时，中国三大比特币交易所中的两家交易所正式上线了以太坊。自2016年以来，一直在默默关注着数字货币产业的人也开始密切地关注起以太坊的发展来。

2017年6月12日，以太币的交易价格超过了400美元，这是自2017年以来以太币交易价格的新高，这比最初8美元的交易价格增长了近50倍。而就在以太币蓬勃发展之时，比特币的价格却出现了松动，以太币大有以黑马之姿追赶比特币的势头。

作为以比特币技术为起点的以太坊新型技术，它从发展之初便致力于实施数字计算机的去中心化、无所有权等功能，以此来进行点对点的合约。简而言之，以太坊其实是一个无法彻底关闭的连接世界的计算机、加密严谨的架构和图灵完整性的创新型结合可以合生出许多新兴产业，这就意味着传统行业将会面临许多颠覆传统的挑战。

如果可以这样比喻，以太坊其实就是一台计算机：合约是程序，区块链是ROM，而以太坊的矿工们则是CPU，负责计算。

在这样先进技术的前提下，用户也必然要支付一定的费用来进行维护和使用，否则用户门槛低，会出现垃圾信息过多而造成资源的浪费，而真正的需要者却无法有效地使用。

2017年，汤森路透、摩根大通、纽约梅隆银行、芝加哥交易所集团、微软等几十家全球顶尖的金融公司同时加入了以太坊，这是对以太坊的肯定。

随着以太坊的知名度越来越大，追逐的人也越来越多，而以太坊技术催生的以太币，必将成为继比特币之后人们追捧的数字货币。

二、以太坊的四大原则

1. 简洁原则

以太坊将尽可能地为用户呈现简洁大方的协议。即使这样可能会影响数据存储速度，即一个程序员也能够理解完整的开发说明，而这样做的根本目的是降低个人或团体对协议的影响，推进以太坊对更多人开放，降低使用门槛。

2. 无歧视原则

以太坊协议认为协议不应该主动限制用户行为，即协议中所有监管机制都应具有认定直接危害的权利，而不是反对用户的行为或者是反对某些狭义认定的不受欢迎的应用。

因此，如果用户愿意支付相关费用，甚至可以在以太坊上运行一个无限循环的脚本。

3. 通用原则

因为以太坊的无歧视原则，以太坊可提供一个内部的图灵完整的脚本语言给用户，使用户可以自由发挥可构建任何交易类型或者是智能合约。

4. 模块化原则

以太坊在开发最初就很注意最大程度地做好助益于整个加密货币生态系统的协议，为了达到这个目的，以太坊在开发最初的不同部分就被设计为模块化和可分割化的。

这样的设计可以保证即使在协议中某处做了微小的应用层改动也可以不受影响正常运行。

三、以太坊 ETH 和 EOS 的争霸赛

1. 被人看好的 EOS

EOS 作为区块链 3.0 的代名词，即使在近期被冷却了一段时间，也是被人们所看好的。但是即使这样也并不意味着 ETH 就毫无竞争力了，即使

被人们所接受，但是EOS在赶超ETH上仍然有很长一段路要走。

其实，从多数企业仍然选择EOS节点也可以看出它们对EOS的认可，但是结合实际情况，笔者认为，很多选择者是出于获取利益的角度选择EOS，这样看来EOS的白皮书虽然好，可是要想得到用户的认可，还是需要时间和事实来验证。而因为EOS是全明星项目，前景被大部分人看好所以有足够的热度，这是优势也是劣势，劣势就在于人们对前期热度十足的EOS怀有更高期待，如果效果不好，则会使前面的发展变得更为困难，也会丧失掉大部分人的信心。

自上线以来，EOS完成了主网升级到Dawn3.0，支持延迟交易等，共识算法改为BFT-DPoS，出块时间缩减为0.5秒，这一切都在井井有条地进行着，而EOS随机应变的能力和面对外界的诚意，都注定了EOS的发展会比ETH要出色。而手握大量ETH的EOS相当于手握了ETH的筹码，这在将来的某一天也许会派上大用场。

不过，这也并不能否定ETH的优点，毕竟性能不能代表所有，ETH目前依然是整个区块链内用户群体最大、社区最为活跃的区块链主链。而Reddit联合创始人则认为，到2018年，ETH的价格有望突破1.5万美元，虽然到达这个节点还有些难度，但是这也说明了ETH还是被很多人看好的。

由于ETH稳定运行了很多年，积累了很多忠诚用户，目前也开始在规划技术升级的道路，由V神在推特中提出的开启ETH分片时代的分片技术，就有望促进网络的高速发展，解决网络的拥塞问题，从而降低成本，提高交易的速度。

还有，社区对ERC865标准的提出，也意味着以后货币的交易将不用再提交手续费给ETH。而这些技术的升级表明，ETH已经认识到了自己的不足并在尽力弥补，加大力度提高自己的网络技术，为用户提供更为高效的协议产品，使自己更具有竞争力。

而以太坊联盟也公布了其下一步的发展战略，即构建堆栈定义了驱动分散式链接智能的Web3.0时代的模块，这意味着在接下来的发展中，以太坊完全可能像互联网一样在任何地方进行工作，并且能够在无需信任的条件下完成智能合约。

综上所述，ETH因为技术和性能升级的可能性和其活跃的社区，多年稳定运行的背景都说明了ETH在一定程度上还是很具备竞争力的。

但是，如果EOS在主网上线实践过一段时间后，性能优异的话是可以放心持有的。而对于ETH我们的建议是长期持有，将ETH和ESO作为做区块链接的中坚力量，也许它们有一天会双剑合璧也不是不可能的。

2.ETH 不是证券

（1）ICO是什么。在美国新奥尔良举行的Collision科技大会上，以太坊联合创始人约瑟夫·卢宾对于《华尔街日报》最近报道称以太坊可能很快会被当作投资型证券接受监管一事予以了坚决否认。“以太坊不是一种证券，以太坊从来都不是一种证券。”他这样说。

以太坊是目前世界范围内除比特币以外的第二大加密货币，它的市值大约在650亿美元左右，仅次于加密货币之王——比特币的市面价值。而如果美国SEC将ETH和XRP归类为证券，就意味着将要按照证券类产品进行约束和监管，如此一来，代币便成了违法产品就需要全部下架，这样的损失无疑是巨大的。难怪卢宾会坚决予以否认呢。

对于现在市场上区块链项目的分类，瑞士金融市场监督管理局发布的关于 ICO 的指导比较准确。

ICO 是什么？是以数字区块链为基础，可面向公众筹集资金的创业活动。所以 ICO 与 IPO 差别不小。

瑞士市场监督管理局会将令牌分为三类：支付令牌、资产令牌和功能令牌。

支付令牌并没有项目开发的功能，它在某种情况下可能只会有必要的功能支持一段时间内成为支付手段，其实它和加密货币是同义词。

资产令牌代表的就是资产，比如实体收益、股票利息等，它类似于股票证券或其他衍生品。

功能令牌就是为服务或应用程序提供数字访问的令牌。

（2）市场上的三类数字货币。现在市场上的区块链项目或者数字货币可以分为三类：功能类的币、支付类的币、证券类的币。

常规意义上讲，支付类的币种不会被归纳为证券类，比如比特币，但是这一切都要在遵纪守法的基础上。

功能类的币是唯一一个可给予程序或服务的数字访问权限的币种。此类币种不会被认定为证券类币种，但是如果将功能性的币使用于牟利性质的投资，则可以将此类币种归为证券类。

证券类币是以上三种币种最为麻烦的，如果一旦被认定为证券类，就需要接受证券方面的监督和管理，这对以后的发展是极为不利的。

而关于 ETH 是否应该被列为证券类，大宗商品监管机构和美国联邦证券还一起展开了调查。有趣的是这两家调查机构在准备着手调查 ETH 时却有着完全不同的规划。

美国商品期货交易委员会将加密货币列为了大宗商品项，这就意味着把 ETH 排除在了证券范围之外，就意味着不需要接受证券方面的监督和管理。而美国证券交易委员会则认为加密货币是一种特殊的证券，需要接受证券方面的监管。

再来说说功能性货币，其实就是类似于我们日常使用的腾讯 Q 币，只不过功能性币在一个区块链的生态系统中有着不可替代的功能性，比如制度、打赏、确认等都是功能性代币。而据区块链白皮书介绍说，其代币大部分都属于功能性代币。

（3）以太坊的初衷。以太坊设计的初衷并不是只有数字货币，它还将区块链技术应用于其他程序中进行支持。

以太坊的虚拟机制实现了货币兑换和智能合约等服务，而分布式应用程序使得以太币比比特币更为容易流通，许多费用都可以使用以太币进行支付，因此以太币是以太坊整个生态系统的助力燃料，它使得以太技术迅速发展为区别于其他代币的运作方式。

因为 EVM 必须有以太币才能够使用，所以这也增加了以太币的价值，可以想象开发人员使用 EVM 越多，则以太币的价值就会越高，慢慢发展则可以自给自足。

而 Lubin 也认为 ETH 只是以太坊的运行和建设需要的助力燃料，ETH 充当的是功能性工具角色，即只有在特定场景中才能够使用。“因为所有这些不同的行业正在提供资源来运行以太坊平台，所以它们向你提供资源，你就需要向它们付款。”他如实说。

而当被问到以太坊该由谁来进行监督管理时，Lubin 则认为这根本不需要监督和管理，因为“这是一种获得共享计算资源的方法，因此我不确定以太坊是否需要以任何方式进行管理。”

而对于谁要取代以太坊的传言，Lubin 从来都是置若罔闻，他总是自信满满。

第三节　狗狗币

一、什么是狗狗币

1. 狗狗币的概念

Dogecoin，也被称为狗狗币，诞生于 2013 年 12 月 8 日。狗狗币是基于 Scrypt 算法的、国际上用户数仅次于比特币的第二大虚拟货币。

狗狗币系统上线之后，由于 reddit 网站的大力帮助，狗狗币的内容文章和话题出现爆发式的增长，在短短两周时间内，狗狗币已在博客、论坛等大流量平台中铺设了专门的话题，而内容也被大众所津津乐道。

截至 2015 年 6 月 9 日，狗狗币的市值达到了一个亿，而又因为狗狗币分发公屏还有打赏文化等深受用户喜爱，且狗狗币没有提前挖掘，所以在短时间内得到了用户的广泛认可，用户之间的相互推荐和较好的使用感受也使得客户流量呈井喷式上涨。

截至2015年6月9日，狗狗币的地址数达到了160万个，而活跃的地址数达到了8.3万，同时期的比特币为19.6万，在短期内取得这样的成绩是非常不易的。

同时，狗狗币推特文的点赞数量和比特币的点赞数量持平，并且远远超过了莱特币。而狗狗币的用户基数只用了一年时间就达到了比特币用户数量的三分之一，是莱特币的四倍。

目前，国内的主要狗狗币交易平台为jubi、BTC38、bter、btctrade、btc100；而国外狗狗币的主要交易平台是Bitcoin Indonesia、Bittrex、Cryptsy、Exmo、HitBTC、cex.io、Poloniex、Coinsquare、HitBTC、Kraken、AllCoin。

2. 狗狗币的神奇小故事

狗狗币诞生于一位澳大利亚的品牌与市场营销专家之手，两个素昧平生的人利用各自的专业知识将最火爆的两种产品——比特币和狗狗币成功地结合在了一起，Dogecoin就此诞生，在大众之间开始流通起来。

Adobe公司悉尼市场部门的Jackson Palmer因为对电子货币有着浓厚的兴趣，在看了Doge后突发奇想，就发了个推文征求投资Dogecoin的意见。想不到这一推文得到了不少人的回复，大家开始鼓励他把这个想法进行下去，而在之后的一个星期，他便买下了Dogecoin.com的域名。

与此同时，来自波兰特的Billy Markus因为一直有创造属于自己的电子货币的想法，在看到 Jackson Palmer 的域名后仿佛找到了知己，于是他便发了条推文给 Palmer 表达了想要合作的意思。

在等回复的同时，他便开始了比特币源代码的重新排列和研究，根据源代码加入了 Doge Meme 的元素。就这样，两个人一拍即合，在 reddit 的推波助澜之下，Dogecoin 诞生的同时也很快被人们所知晓。在短短两周时间内，Dogecoin 的市值已经达到了 800 万美元，一跃成为了全球第七大电子货币。

二、狗狗币的七大应用场景

1. Facebook 中的狗狗币应用

Facebook 有两款常用的打赏软件，分别是 Doge Tipping App 和 Multicoin Tipping App。Doge Tipping App 是通过狗狗币进行打赏，后者则可以使用包括狗狗币在内的 14 种山寨币对 Facebook 上的评论进行打赏支持。而 Doge Tipping App 是作为专门的打赏软件首次被利用到这一平台上的。

但是，开发团队并不满足于在 Facebook 上线了 Doge Tipping 的成绩，他们还有更远大的计划要做，开发团队目前正在为 WordPress、Drupal、Joomla、Xenforo、PHPBB 等开发使用虚拟币打赏的功能平台。而因为受到一些平台的限制，狗狗币的打赏并不为很多人知道，而在 Facebook 的上线也必将为更多人所了解。

2. 高中电子竞技联赛的奖励

2014 年 9 月，美国高中电子竞技联赛的第一场比赛奖励就是 50K 的狗狗币，这意味着狗狗币作为一种非负能量的时代新兴产物逐渐被人们认可和接受，随着越来越多人的关注，doge 一词将会被越来越多的人所知晓。

3. Twitch 的支付货币

Twitch 于 2011 年 6 月正式成立，并拥有超过 5500 万的活跃用户，该公司主要为游戏玩家提供实时视频直播的服务。

Twitch 公司在 2014 年 9 月以 9.7 亿美元的价格成功被亚马逊收购，同年 10 月，Twitch 公司在其官方网站上宣布将接受狗狗币作为支付方式，对订阅的服务进行付费。

4. 44.6 万美元的融资

2014 年 11 月，doge 团队获得了由黑鸟风险投资公司（Blackbird Ventures）领投的融资资金 44.6 万美元，而准备发展的项目是狗狗币（dogecoin）流行打赏工具 dogetipbot，Dogetipbot 是一种可以小额打赏的工作，该打赏工具目前支持了 Reddit，Twitter 以及 Twitch 这几大平台。据 doge 团队表示，自项目启动以来，其总交易数量已经达到了 6.5 亿。

5. 国际支付平台 GoCoin

GoCoin 仔细观察了所有的最新 altcoins，选择 dogecoin 出来作为一个可行的货币款项。“通过集成 dogecoin 到我们的平台，GoCoin 更近了一步让商家接受任何数字货币，增加销售与扩展新顾客的能力。”GoCoin 创始人兼 CEO 史蒂夫·博勒加德说。而这也意味着狗狗币得到国际支付平台的认可。

6. CheapAir 宣布接受狗狗币预订航班

CheapAir 于 2014 年 9 月 4 日宣布，接受狗狗币即莱特币对航班的预定。同时 CheapAir 还表示说自添加虚拟货币付款方式以来，截至现在已经完成了约 150 万美元的总销售额。

7. 狗狗币打赏应用神器“币推”

随着虚拟货币打赏的浪潮的到来，国产的打赏应用软件也层出不穷，其中一款叫做“币推”的打赏软件自发行以来就深受人们喜爱，而“币推”使用的也正是狗狗币，即在社交平台上看到喜欢的评论等都可以使用狗狗币在“币推”上进行打赏。

据“币推”的作者介绍，目前团队也正在研究关于微信版打赏的发行，这更符合国内人们的使用习惯，市场也更为巨大。

图 3　狗狗币图像

三、狗狗币市值突破 20 亿美元

说起数字货币，人们脑海中第一个浮现的当比特币莫属，可是除了比特币，其实狗狗币也是一种流传范围较广，比较受用户喜爱的币种，它的标志就是我们平时生活中喜闻乐见的那个表情包始祖的狗狗币图像。

而据福布斯网站的报道显示，在 2018 年上半年的两周里，狗狗币的市值增长了一倍，并已达到 20 亿美元的市值。福布斯网站分析，此次狗狗币的市值突然飙升，是因为未搭上“比特币”暴涨热潮的投资者将目标瞄准了狗狗币。

第四节　泰达币

一、什么是泰达币

1.USDT 是什么

Tether 加密货币公司，在经过一系列筹措后，推出基于稳定价值货币美元（USD）的代币 Tether USD（下称 USDT），这就是泰达币（USDT）。1USDT 与美元的价值相等，也就是说，1 泰达币等于 1 美元。Tether 公司每发行 1 个 USDT 代币，其银行账户都会有 1 美元的资金保障。该公司一直保持着 1:1 的保障比例。用户可以在 Tether 平台进行资金查询，以保障透明度。

Tether公司这样做的结果，就是将现金转换成数字货币，并把该数字货币与美元、欧元和日元等国家货币的价格挂钩。泰达币一发行，就受到各方人士的欢迎和支持。这是因为泰达币有几个特点：安全性、透明性、区块链技术、保值功能。

（1）透明性强。因为外汇储备数据是每天对外公布的，中间还有审计排查等，所以泰达币的信息透明度很高。

（2）安全性。Tether使用的区块链技术能最大程度地保证平台的安全性，区块链技术也同时满足了国际规则。

（3）区块链技术的使用。区块链技术成熟的安全性和可靠性使得平台在使用起来的时候更加放心，多了一份安全保障。

（4）保值功能。USDT最大的特点是它的保值功能，因为1泰达币等于1美元的特性，在市场出现剧烈动荡的时候，泰达币仍然保持相同的购买力，无形中保全了价值。

2. 泰达币的两大优势

（1）稳定的币种。当数字资产市场出现动荡的时候，投资者们都想要找寻一个稳定的等额币种来规避风险，其实泰达币就是这样一个币种。

因为泰达币与美元是等值的，1USDT=1美元，由此来抵御未知风险，而目前国际上支持USDT交易的大平台包括：bitfinex、OKEx、Poloniex、Kraken等。

（2）币价更直观。因为泰达币与美元是等值的，1USDT=1美元，所以这就使得货币的价值更为直观了。

二、泰达币币包

对虚拟货币感兴趣的用户来说，泰达币（USDT）应该算是耳熟能详的。按照泰达币的规则，它的价值与美元是相等的，即 1USDT ＝ 1 美元。在数字货币中，它其实是属于法定货币和虚拟货币的中间币的作用。

因为其特殊属性，使得泰达币在数字货币中有着良好的保值率，这也是泰达币的最大优势。在使用泰达币的同时，可以和美元进行 1：1 的兑换，公司也会遵守 1：1 的比例为其准备保证金，用户可以通过 Tether 进行查询，以验证其市场透明度。

一直以来，虚拟货币市场都是一个高风险伴随着高收益的投资市场，在虚拟货币的投资市场中，各种虚拟货币的动荡时刻牵动着每个用户的敏感神经，每一次的上涨或者下跌，都会引起投资者们的一阵骚动。

在找寻货币的投资市场中，法定的流通货币是不能直接参与到投资行为当中的，前期的投资需要用户以法定货币换取虚拟货币，将虚拟货币存放到指定的账户中，随着虚拟货币的上涨或下跌的行情完成投资的获益或亏损。

以比特币为例，自 2009 年出现便开始了节节升高的市场行情，到 2013 年已经上涨到 100 美元，2016 年突破 1000 美元，2017 年开始突破 13000 美元，仅在 2017 年一年价格便上涨了 10 倍，正因为这种巨大的涨幅使得用户们迫切地需要一种稳定的币种，而泰达币的出现恰好满足了用户的这个需求。

在国际上，泰达币也获得了很多权威网站的支持，其中包括 Poloniex、火币专业站、Bitfinex、OKEx、Kraken 等都是泰达币的支持者。

三、暴涨的泰达币

2018年1月16日，对于数字货币来说，是一个沮丧的日子，因为全球范围内的虚拟货币都下跌了，包括以太坊、比特币、莱特币等，按照市值计算，它们的损失都超过了两位数百分比。例如比特币下降了24%，IOTA下跌了27%、门罗币下跌了22%，瑞波币的跌幅达到了26%，在最低点的时候甚至有的数字货币市值缩减了50%。

而在这时期，有一种数字货币却迎来了上涨的黑马势头，这就是泰达币。根据CoinMarketCap的数据显示，在全球排名前50位的数字货币中，泰达币是唯一呈现上涨势头的虚拟货币，而截至2018年1月17日，泰达币的价格为1.04美元，较前一天涨了3.23%，总市值为16.9亿美元。

1. 比特币的熊市

根据摩根丹利发布的研究报告显示，现在市场上比特币的表现，与20年前纳斯达克泡沫时期的走势相似，但是比特币的时间线却比泡沫时期的时间线要快得多。而它们的相同点是在发展旺盛时期都是上涨了250到280个百分点，而比特币的上涨速度是泡沫时期的15倍，这种现象很有可能会让纳斯达克的历史重演。

自2009年比特币诞生以来，出现过4次价格下跌的情况，而CoinDesk的数据显示，比特币的价值从2017年12月的近2000美元的封顶值下跌了大约70%，至2018年2月份为止已经跌破了7000美元。这是比特币平均在每一波利空浪潮中损失了45%–50%的价值，而这也与2000年熊市时候的纳斯达克的5次下跌有着惊人的相似度，都是44%左右，这样的下跌让人心惊肉跳。

而比特币的市场交易量也可能是一个危险的信号，在熊市之前每一次的反弹后成交量都会下降，而 2017 年 12 月以来比特币的交易量上涨了 3 倍左右，成交量的增长很可能是投资者们急于脱身的现象。对此，摩根士丹利则表示交易量只是一个巧合的现象，与趋势无关。

无论怎样，随着比特币的大幅度下跌，一些持币者的持币决心也开始出现了动摇。专业人士表示，如果在以前他们肯定会选择留守持币，但是 2018 年上半年比特币已经有 2 次下跌，这不得不让人怀疑比特币的熊市真的来了。而随着那些坚定的持币者们离开，比特币目前所有的行为轨迹似乎都预示了资产泡沫的到来，尤其各国之间对于虚拟货币越来越关注，虚拟货币的估值和实际应用需求可能会出现失衡。

原来坚定的比特币持有者可能在看到现在的形势时选择离场，而这给比特币带来了不小的压力，或许这只是比特币的一个过程，并不会对区块链技术或虚拟货币的前景有太大影响。对于这一现象，高盛的分析师则表示比特币没有扮演好和其本身价值对等的角色，这是比特币将要面临的最大泡沫。而同时，移动支付 Stripe 也表示将停止和比特币的合作，考虑使用恒星币来代替比特币进行支付。在这种情况下，一种新型的币种受到了人们的欢迎，它就是泰达币。

2. 泰达币登场

摩根士丹利策略师 Sheena Shah 在报告中写道：“泰达币并非主流资金单位，但其日渐增加的使用趋势十分有趣。在未来的几年里，我们认为市场的重点或将逐渐转向数字货币与虚拟代币之间的交叉买卖。这样的交易只能通过分布式账本进行，不用通过银行系统。”

泰达币虽然因其稳定的价值而备受肯定，但是也由于本身的特殊性而备受争议。美国商品期货交易委员会已经向该公司发出传票要求其在一定时间内发行虚拟货币，这意味着该公司受到了审查，很多人甚至怀疑它实际上有22亿美元的储备，而该公司却从来没有向公众提供过公司的股权资料，账户的审计状况似乎也不是很透明。

在Tether的网站上给出了财务报告，即截至2017年9月15日，公司的银行账户里一共有4.43亿美元和1590欧元，这倒也符合当天的市值数据，但是惹人注意的是这份报告并没有给出具体的银行名称。而该公司在2018年1月与Friedman LLP停止合作之后表示公司的负债账目表相对简单明了，而Friedman LLP却要执行详细的审计程序，而这样的审计程序在一定的时间内是完成不了的。

虽然对泰达币储备金有所质疑，但是币安、OKEx两个大型的虚拟货币交易平台仍然在2017年年底上线了泰达币，而摩根士丹利则分析称，这两大交易所选择上线泰达币可能是因为在加密数字货币价格持续下跌的今天，投资者们很大程度上偏向于价值稳定的泰达币。

第五节 以太经典

一、以太坊和以太经典

1. 以太坊的概念

以太坊的概念是：一个开源的具有智能合约功能的公共区块链平台，通过其内置原生代币以太币提供去中心化的平台来处理点对点合约。它可以用来担保、编程或者是交易任何东西，比如域名、众筹、公司管理等等，还得益于硬件集成的智能资产。

与比特币要成为去中心化支付系统的想法不同，以太坊追求的是成为一个去中心化而且不用接受审查的应用程序的发布平台。

说到以太坊，就不得不提以太币，以太币是以太坊内的原生代币，也是唯一的代币，它是用来支持智能合约的运行，支付以太币也是为了保证用户的良好使用体验，众所周知，如果免费的话，很多人都会使用，长时间会产生很多垃圾，甚至导致区块链受到攻击。为了避免此类事件发生，每次运行智能合约都是需要支付以太币来保证区块链的稳定和安全。

接下来说一下 ETC 的诞生。大家都知道在 2017 年 6 月的时候，以太坊的热门项目 The DAO 被黑客攻击，价值 5000 万美元的以太币被转移，为了挽回损失，以太坊决定投票表决是否愿意更改以太坊对以太坊继续硬分叉，索回损失的以太币，让转移的以太币（包括被黑客转移的以太币）都回归原位，此次投票最终以大部分人的同意而选择执行。

2. 硬分叉

说到这里，我们有必要介绍一下什么是硬分叉。因为区块链要升级等会改变一些代码，而在升级的过程中如果某些节点与升级的规则无法达成一致，这时候就会出现两条区块链，而这就是硬分叉。

其实对于硬分叉这件事情，以太坊有一部分人员是不同意的，他们认识一开始的本质里就有一条是不可更改属性，也是因为只有这样很多用户才会放心，这听上去像是关于情怀的考虑。

但是随着越来越多的人对硬分叉事件的支持，2016 年 7 月 21 日，以太坊硬分叉成功。而此次硬分叉滋生出两个版本的 ETH，其中一个我们称之为以太经典。以太经典是由一个全新的团队进行维护的，此次衍生出的两个市场总价值大概在 12 亿美元以上。

随着以太经典的发展，以太坊越来越多的矿工集中在了以太经典中，因为看到了保护交易安全赢得挖矿奖励的价值，ETC 的交易量持续上涨，导致以太经典面世后几天的拘束让人留下了深刻的印象——其网络的哈希率是 544GH/s，占了以太坊网络哈希总量的 13%。而 P 网作为第一家接受 ETC 的交易平台，在 2016 年 7 月 15 日开启了 ETC 充值，并在 7 月 17 日正式上线 ETC 进行交易。

3. 以太坊战争

ETC 是 ETH 分叉之前的币，分叉后的 ETC 和 ETH 就走向了不同的方向，而今，ETC 处于持续增发的阶段，没有上限限制，而 ETH 则回归到了奥地利经济学派的传统进行了减产的规划，使其总量不超过 2.1 个亿。

ETC 是以太坊经典，也被称为以太坊原链，在以太经典诞生的这段时间，出现了很多大幅度的涨跌情况，还遇到中国矿工要以攻破 51% 的威胁，但是面对数字货币市场的风起云涌，它展现的是坚韧的能力，所以有的经济学家提出 ETC 将是数字货币市场上的下一个热点。

二、以太经典

要想知道以太经典的投资价值如何，就需要充分了解 ETC，下面我们就从以下几个方面来对 ETC 进行了解。

1. 去中心化

去中心化是 ETC 和 ETH 之间的本质区别，根据比特币利用去中心化稳定无差错地运行了 8 年可以看出，去中心化技术是可以被信赖的，这是不争的事实。

ETC 的兴起证明了不受监管的区块链系统的可靠性，继而证明了去中心化的安全性。而大部分投资者们也是被 ETC 的这一特质所吸引，区别于私有数据库的 ETC，其安全性得到了人们的肯定，去中心化的成功也证明了这是一种信仰，是一种趋势。

2. 廉洁

在加密数字货币的领域之中，钱包是去中心化的，矿工和矿池也是去中心化的；智能合约的编写和运用是去中心化的，但是核心技术却是中心化的。

有句话叫做权力会滋生腐败，绝对的权力下贪念自然形成，所以要想杜绝腐败，去中心化是必然之举。

3. 稀缺

ETC 的总量不超过 2.1 个亿，总量的限制符合人们对投资物品的稀缺期望。

4. POW

PeerCoin 是最早提出 POS 机制的，最早提出的点点币如今已经消失，拥有币的本身就是会让两端分化更严重，即富的越来越富，穷的越来越穷，所以我们要做到相对公平。

POW 提倡矿工自由，想不挖就可以不挖，而 POS 机制则让后来者失去参与机会。其实热线钱包在线挖矿也有很大的安全隐患，那就是很容易被黑客攻击，而这种情况其实在点点币上已经发生了。所以支持 ETC 就是在支持 POW 制度，让任何动态组网接入的网点皆有利可图，而 POS 机制就如同空中楼阁一般，过不了多久便会消失。

5. 匿名

众所周知，可以匿名对于加密数字货币的用户有很大的吸引力，但是因为种种原因的限制，目前的加密数字货币市场上还没有能够提供匿名交易的平台。

而近期 ETC 提议，希望加入 zk-SNARK 验证，如果提议通过则 ETC 用户便可以进行交易匿名服务，这对很多用户来说都是利好消息，毕竟匿名增强了交易的隐私性，更符合用户的期望。

三、以太经典的未来

1. 暴涨的以太经典

以太经典的强势表现，得益于去中心化的智能合约平台。2017 年 5 月，在 Cointelegraph 写以太经典的稿子时，恰好遇到了以太经典的飞速增长。

在他截稿前，其市值已经超过了 13 亿美元，而在截稿后的 12 个小时，其市值达到了 18 亿美元。事实上其价格的增长幅度已经超过了 55%，单价为 16.11 美元，以太经典的增长趋势使得很多人对其刮目相看。

为此，Cointelegraph 专门采访了 Coinchat.Club 的 JuicyG："在过去的几个月里，我一直看好ETC，我认为它将会超越大多数的币。"他还补充说道："我认为重大的进展还没有出现。一旦 Barry 和他的朋友们开始在彭博社和 CNBC 上推广它，那才是重大进展。"

Juicy 表示 ETC 会成为比特币以外最受欢迎的加密货币，它会在未来出现大规模的增长。"所有的有钱人都将会开始买 ETC。"他还说。

以太经典之所以迅猛暴涨，并不是没有理由的。它有厚实的技术背景。Dash Force Proposal 的提议者就一直表示，非常看好这个技术团队并且相信他们可以攻克一切难关，做到最好。他说："以太经典不像是其他某些项目一样，他们的开发者中没有业余爱好者。"他认为这是提升背后技术的一个决定性因素。

与此同时，Juicy 还提出以太经典是被低估了。这个观点也得到了大会主持人的认可，主持人说"它当前的市值可能还不到以太坊市值的 10%，而且还被有大量资本涌入和宣传。ETC 会让我觉得它被严重低估了。"

而对于 ETC 他们很有信心，"我们将会看到 ETC 将会取代 ETH 的项目位置。我们已经准备好要看到这一幕了。"Juicy 如是说。而本周一 Cointelegraph 也曾表示过 ETC 将远远胜于以太坊，ETC 必然会超过以太坊。

2. ETC 和 ETH

ETC 源于一起漏洞事件，当时黑客攻击导致 5000 万以太币被挪入其他地址。如果想解决这个问题，其中一个办法就是利用硬分叉来还原以太币的位置。当时这一提议被提起时，大约有 19% 的以太坊持有者不同意，认为这有违交易不可改变的初衷。另外还有 22% 的以太币矿工不支持分叉。

但最后也是由于核心团队的主导地位，最终还是进行了硬分叉。而硬分叉实际上也是为了以太坊可以朝更好的方向发展，它的结果，就是发行了独立的加密货币，这就是我们现在看到的以太经典。

至此，以太坊便分成了 ETC 和 ETH 两个市场。

3. 以太经典更值钱的三个原因

与以太坊比起来，以太经典的价格更贵一些。也就是说，在经济上，以太经典更吸引投资者的目光，究其原因有三个。

（1）风险低，价格高。现在 ETC 和 ETH 代码是完全相同的，但是 ETH 和 ETC 的价格却相差很远，所以有不少以太坊的投资者们纷纷表示要将 ETH 卖掉换成 ETC。其实对于整个以太坊来说，硬分叉发生之后，社区人员同等量的持有 ETC 和 ETH 对于行情的最后展开其实筹码是一样的。

而从技术方面来分析，当然是 ETC 的风险更低。ETH 因为近期遭遇了代码的改变和硬分叉事件，更有系统问题导致的持币困难等，可想而知，如果 ETC 达到了 ETH 的市值则意味着 ETC 的市场空间巨大，而对于投资者来说，意味着用极低的价格获得尽可能的高收益。

（2）数量上的绝对优势。从目前发展来看，ETC 的总数量为 2.1 亿，最多也不会超过 2.3 亿，其总数是有上限的，这对于投资者们来说，其符合稀少量投资的期望。而 ETH 一旦转 POS 共识机制失败，其总共的数量将会是 ETC 的 10 倍以上，而单价和总数的差异使得价格发生了翻天覆地的变化。我们假设 ETC 和 ETH 的总市值是相同的，那么在数量上有着绝对优势的 ETH 价格应该是 ETC 的十分之一才视为合理价格，这时如果算上双方价格的倒挂，则意味着 ETC 蕴含着的是 70 倍的上浮空间。

（3）强大的DCG后台。众所周知，比特币的大涨离不开信托基金的支持。而最早的一支由DCG的Barry Silbert成立的信托基金已经在纳斯达克上市，该基金拥有超过20万个比特币。到2016年为止，越来越多的信托基金开始支持价目货币，因此形成了持续的买入现金流，而Barry Silbert已经在Twitter上明确表示，DCG将会全力支持ETC，并且在ETC价格没有超过ETH之前不会卖出。

第六节 比特币现金

一、什么是比特币现金

2017 年 8 月 1 日，由一些比特币开发者开发的又一新型币——比特币现金 Bitcoin Cash 开挖，每个比特币投资者的账户上会出现和比特币相等数量的比特币现金，而业界对于这种新型币种持有不同的态度，有的人认为它是比特币的“山寨币”，还有的人认为它是一种全新的币种。但是不管属于哪种币，它的报价已达到了比特币的十分之一。

比特币现金不包含 Seg Wit 功能，支持大区块，比特币现金的出现修改了比特币的代码。而其实比特币现金就是由比特币分身而来，在分叉之前，它存储的区块链中的数据以及运行的软件是和所有比特币节点兼容的，而分叉后它开始执行自己的全新代码，支持大区块，形成了新的链，即新的币种。

比特币现金上线的当天，比特币的价格便下跌了超过6%，下跌价格接近2000元，而在稍后的时间里才有所回升。很多比特币交易所都表示，不支持比特币现金交易，这些平台包括Poloniex、GDAX、Coinbase、ExodusBitstamp和Bitmex等。但是著名的比特币投资者Roger Ver表示支持比特币现金。一些支持者平台也表示称，如果比特币现金发展顺利的话，会与其合作。显然，比特币现金的明天，是比较明朗的。

二、比特币和比特币现金的PK

据相关财经报道，数字货币市场上基本所有的主要加密货币都在大幅上涨，有的还达到了历史新高，随着加密货币市场的苏醒，整个比特币市场价值已经有望突破5000亿美元，相信会有很多机构投资者跟随着节节升高的比特币迈进。

与此同时，比特币现金的价格也跟着水涨船高，截至发稿，比特币现金的价格为15美元，自2018年4月10日以来，比特币现金的涨幅已经达到了令人难以置信的120%。

看到两种币同时上涨的时候，我们不禁要问，这两者之间有没有必然的联系？

答案是：没有的！

因为不管是从区块链角度，还是从算法的难度来看，两者都有着很大的不同，更没有直接的联系。

比特币是数字货币中最主要的货币，而比特币现金是在 2017 年 8 月 1 日以后硬分叉之后衍生出来的币种。两者的相同之处，就是两者均为通过互联网进行传输的电子货币。在硬分叉前，拥有比特币所有权的比特币现金，在硬分叉后和比特币形成了两个独立的区块链。比特币的区块容量开始时是 1MB，但是随着比特币用户人数的日益增多，1MB 的容量已经不能满足迅速发展的比特币交易了，所以之前比特币网络堵塞的问题常常会出现，造成了用户的困扰。而比特币现金的区块容量是 8MB，从容量上比较，比特币现金具有更大的安全性、稳固性，短时间内支持交易的数量也大于比特币。

另外，比特币被挖出的量越大，则计算难度就会随之增加，比特币现金不同，因为它是采用动态调节的模式，难度会根据实际网络中的计算能力来进行调节，加入的点越多，难度也会越高，反之则难度减小。

第五章

数字货币面对的挑战

随着当今社会无现金化的推进，数字货币的重要性日渐突出。然而，这也意味着数字货币将要面对更多的挑战。这些挑战分别来自于量子霸权、政策监管、安全问题、币值波动、发展进化等方面。接下来，我们针对这些方面来逐一进行分析和解读。

第一节 量子霸权

当计算机进入量子计算机时代，“量子霸权”这四个字便出现在人们的视线里。那么，什么是量子霸权？它又会在数字时代起什么作用？它对数字货币会有怎样的影响呢？

一、量子霸权的概念

量子算法研究的目的是通过量子计算机加速求解，当量子计算机求解完成任务的能力超过了其他任何一种计算机完成的能力，我们就把这种现象称为量子霸权。在这里，我们将提出关于量子霸权的建议，并对量子计算机和经典计算机进行比较。

量子计算机虽然距离投入到商业用途还很遥远，但是因为和现有计算机的 0 与 1 的计算方式的不同，量子计算机可以同时处理很多个任务，所以各国对量子计算机产生了极高的关注。

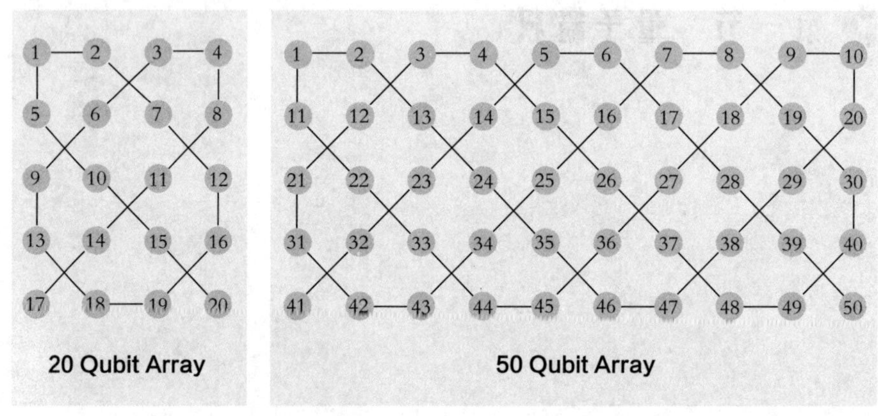

图 4　20 位与 50 位量子计算示意图

伴随着上海交通大学金贤敏团队的水下量子通信实验的成功，意味着人类向海空一体量子通信网络的建设又前进了一步。就连在超算领域与大型机领域取得过好成绩的 IBM 也投入到量子计算机的研究之中。

而在刚结束的美国电气和电子工程师协会（IEEE）的工业峰会上，IBM 公司就宣布已研发成功了 IBMQ，即 20 位量子比特的量子计算机系统，并预计在年底可向用户付费开放。同时 IBM 公司对 50 位量子比特的量子处理器原型进行了测试，这是 IBM 公司建立的全球第一个收费的量子计算云服务。

二、“百家争鸣”量子霸权

1. IBM 公司的量子计算机和谷歌的量子霸权

2017 年 11 月，IBM 公司公布了一台处理 50 个量子比特的量子计算机，这是在 20 量子比特系统之后的又一里程碑式的建设。而与此同时，全球各大公司也在尽力研究遵循量子力学规律进行高速运算的可用的量子系统。

IBM公司公布的50个量子比特的量子计算机还未成为通用的计算方式，虽然 50 和 20 比特系统量子态可保存 90 微秒，在业界创造了记录，但是这个时间还是非常短暂的。因为想要让一个 50 量子计算机做事情，如果没有量子技术的支持是难以完成的。

“我们的量子计算技术处于世界纪录的水平，但我们必须让非物理学家也可以使用它。”Dario Gil 如是说。作为 IBM 公司的人工智能和量子计算的项目负责人，Dario Gil 的话掷地有声。

然而，马里兰大学教授 Andrew Childs 对此却持不同意见，他认为，对于升级量子云软件系统应该持谨慎态度，细节也可能因为量子比特之间的嘈杂而产生问题。

除了 IBM，谷歌近年来也对量子计算有了热烈的关注，而谷歌在超导系统方面完成了突破，这让 IBM 与谷歌之间加大了竞争力度。而关于“量子霸权”的概念也是由谷歌人员提出，虽然 IBM 对谷歌提出的“量子霸权”中的 50 这个数字有争议，觉得这个数字缺少严谨性，但是量子计算仍在缓慢迎接着它的璀璨时代。

2. 百度的量子霸权

前不久，百度宣布成立量子计算研究所，段润尧教授是悉尼科技大学量子软件和信息中心创办的主任，百度专门把他聘请来担任百度量子计算研究所所长。

段润尧教授是何许人也？为什么由他来担任所长呢？

我们先来看一下他的简历吧：段润尧博士是悉尼科技大学的终身教授，就读于清华大学计算机系，自 2016 年 9 月 15 日起担任量子软件和信息中心创办主任。很显然，身为量子计算领军人物，段润尧博士在量子研究方面拥有很丰富的经验。

而且他将直接汇报工作给百度总裁，这也从侧面反映出百度对量子技术的关注程度之重。

关于量子技术的研究，段润尧表示，将会在未来的 5 年内在百度组建一流的量子计算研究所，在 15 年内完成量子计算与百度业务的融合。

量子计算是全新的计算模型，区别于传统计算机使用的 0 和 1 的存储信息后的计算，量子计算机则会支持更多，可以说，量子计算机的计算时间和计算单元比传统计算机更为迅速缜密。

根据量子计算机能同时计算多处任务的特性，它被广泛应用于复杂的、规模较大的任务的处理，同时对网络安全通过量子加密也可完成相应服务。可以说，量子计算机是目前最高效的任务处理系统。

因为量子计算具有迅速精准的特点，可同时完成多处任务的属性，因此，未来量子计算在医药、金融、人工智能等方面的前景都是不可估量的。

在大规模数据处理应用场景，都能看到量子计算的身影。它不但能够解决计算难题，还能提供基于量子加密的网络安全服务。在实际应用里，量子计算不但能够进行高速并行计算，而且还可以完美地解决传统计算机模拟量子系统时遇到的海量存储和指数时间问题，因此，它被看成是进行高效量子模拟的天然选择。

量子计算未来的最大应用场景，应该是人工智能方面。姚期智是中国科学院院士，也是量子计算专家。他说过："如果能够把量子计算和 AI 放在一起，我们可能做出连大自然都没有想到的事情。"身为中国科学院院士和图灵奖获得者，姚期智对量子计算和 AI 的结合表示了无限的憧憬和肯定。

基于量子计算更高效、更便捷的特点，我们可以预测，量子计算将会加速进入人工智能时代。而百度的加入，使得量子计算和人工智能的综合将会发生得更加迅速。

截至目前，世界上第一台光量子计算机已经诞生于我国中科院，很显然，我国已经走在了量子技术的前沿。

3. 量子计算的追逐战

在我国，关于量子计算的应用，阿里云也紧跟步伐。2015 年，阿里云与中国科学院共同成立了"中国科学院——阿里巴巴量子计算实验室"，实验室专门进行量子计算的研究。2018 年 2 月 22 日，潘建伟院士发布了阿里云和中科院研究打造的 11 量子比特超导量子计算云平台，并宣布正式上线。

面对日益热化的量子研究市场，随后腾讯 SNC 也宣布成立了量子实验室，而同时，谷歌、微软、英特尔等国际巨头纷纷加入量子研究的队伍，如此，量子计算的追逐战正式开始。

2017 年，IBM 宣布研发成功了 20 位量子比特的量子计算机，并且已在同年年底投入了付费使用阶段。另外，他们成功开发的一台 50 位量子比特的原型机也为 IBM 的商用化通用量子计算系统打下了坚实的基础。

随之而来的谷歌研制出的 72 量子比特的量子芯片“Bristlecone”，也广为大众所知。IBM 和谷歌的这几项成果，可以说是量子计算领域的里程碑，而且它们也增加了人类面对量子计算领域的信心。

第二节　安全问题

一、创业者面临的挑战

随着 2017 年区块链浪潮的到来，在阿尔法公社与 CMU Summit 联合举办的中美创新创业峰会——首届区块链论坛上，针对创业者的挑战阿尔法公社创始合伙人蒋亚萌分享了自己的看法。

蒋亚萌表示：数字货币和区块链技术想要发展，一定会遇到两个挑战。

第一个挑战，就是 VC 带来的竞争压力，尤其是投资了 A、B 轮之后的 VC，因为创始人拥有了一个全新的融资选择，这使得 VC 的挑战又增大了。而在中国有很多类似“三点钟无眠群”，这些群讨论区块链相关信息可以到凌晨三点不睡觉，因为数字货币的全天运行，也是因为巨大的挑战对于创业者们来说实在无心睡眠。

第二个挑战，其实是针对创始人的。因为策略投机性强又规模巨大的基金作为传统金融二级市场的“野蛮人”，他们常常利用复杂的算法和先进的金融手段，在短时间内就可以造成公司价值的巨大上升或者下跌幅度。

而对于这样的“野蛮人”的存在，在公司技术还没有多么先进的时候，在公司正集中精力去开发区块链底层技术的时候，在公司还未具规模的时候，是没有能力去应对它们挑战的。

公司在创始人的带领下能否面对在 7-10 年后，才会面对的二级市场交易，并稳定代币的价格，这无疑是个巨大的挑战。而这样的挑战，作为区块链公司的创始人，必须在 3-4 个月内就要学会处理，这样的挑战正是阿尔法公社正在完善的能力，阿尔法公社相信会帮助创业者实现成功。

二、提防勒索软件

当今我们的日常生活与互联网息息相关，当我们把交易都转进网络，甚至把财富都换成数字货币，那么我们必须要警惕与电脑有关的勒索与盗窃。

2018 年 4 月 25 日，国家互联网中心发布了一则研究报告，该报告名为《2017 年中国互联网网络安全态势综述》。

在报告中，国家互联网中心称：2017 年，仅新增加的勒索软件，国家互联网应急中心就捕获了约四万个。有约 1300 万台计算机感染恶意程序，其中，被境外计算机恶意程序控制服务器的计算机就占了 1100 多台。

随着互联网的普及，人们日常生活也渐渐依赖于电脑，网络应用程序越来越多，互联网的恶意程序也随之而来。根据国家互联网中心抽取的1000多家网站的调查，发现网站高危漏洞达到了400多个，与互联网相关APP随即抽样检测发现的漏洞达1000多个，这些漏洞不仅有信息泄露的风险，还会威胁到网络的安全等问题。而数字货币的产生会引发更多、更危险的网络攻击。

因为比特币等数字货币价值的上升，随之而来的针对数字货币交易平台的攻击也越来越多。2017年出现的NotPetya、Petya、BadRabbit等就是利用病毒对持币者进行敲诈勒索，而挖矿的恶意程序则会缓慢腐蚀计算机的资源和容量等，令用户不易发觉，而这些恶意程序无非就是为了利益，所以照看好自己的钱包是重中之重。

三、虚拟世界的盗窃者

在互联网时代，除了勒索软件之外，还有盗窃。就像现实生活中的盗窃犯一样，在互联网上也有盗窃者蹲在阴暗的角落，对别人的财富虎视眈眈。

据2018年1月29日的《早间新闻》报道，日本东京一家加密货币交易所发生高额加密货币被盗的事件，因此不得不向投资者返还约463亿日元。而这起盗窃案也引发了社会对于高额加密交易平台安全的担忧，并引发社会对高额加密货币安全保障的思考。

据了解，这次被盗事件迫使该公司暂停了除比特币以外的所有货币的提款业务，被盗的数字货币总价值约为580亿美元，而赔偿额在90%以上。

一次盗窃事件，将一家庞大的公司彻底击垮了。

这次事件给日本金融厅敲响了警钟，他们向约30家数字货币交易所发出警告，并督促他们加强各方面的安全措施。为了避免该类事件的再次发生，金融厅要求所有数字货币交易所必须向政府进行注册，待审批过后才可以进行经营。

此次事件的原因是该公司的NEM币没有存储在相对安全的并且离线的“冷钱包”里，而是存在安全性相对较差的“热钱包”里。之所以没有将NEM币转移至安全的“冷钱包”，Coincheck在新闻发布会上则表示是因为公司缺乏相关的技术人员，才造成了这样的遗憾。

与之情况类似的还有日本东京的Mt. Gox公司。该公司曾经处理了全球80%的比特币交易，是一家赫赫有名的数字货币交易公司。然而，在2014年的一次被窃案件中，该公司被盗窃者盗取了价值五亿美元的比特币，公司被迫申请破产。

与日本这两家公司有同样遭遇的还有韩国的Youbit加密货币交易所，该家交易所也是在两次受到黑客攻击后不得已申请破产。

至此，关于加密货币的安全问题越来越受到大众的关注。

第三节　政策监管

一、交易系统的盾牌

对于数字货币交易平台来说，2018 年的首要任务，就是解决数字货币交易系统的安全问题。

为了解决这个问题，人们发起了数字货币交易系统活动。这场活动搞得声势浩大，吸引了很多业内人士的关注。但是并不是所有人都支持这项活动。

比特币的持续火爆，让越来越多的人开始关注这种新型的数字货币，除了货币本身，其区块链技术也得到了人们的认可，随着数字货币的诞生，很多第三方交易平台也应运而生，而对于越来越多的针对交易平台的问题的出现，保护交易平台也成了重要的任务。

1. 数字货币交易平台面对的三个安全问题

自2013年以来，针对数字货币交易平台发生的黑客事件引起了人们的关注，数字货币交易平台更是不敢掉以轻心。它们被黑客攻击后出现轻则损失、重则倒闭的状况，根据币安公告结合被攻击案例分析，总结出数字货币交易平台主要面临的安全问题。

这些问题归纳出来，主要有以下几个方面：

第一，账户保护体系问题：因为账号保护体系太弱，仅仅依靠密码密钥来辨别用户身份，让黑客有机可乘而造成损失。

第二，智能风控防护技术欠缺：智能风控防护技术的欠缺导致很多非法行为不能被及时发现。

第三，平台漏洞问题：因为平台技术的不过关导致平台出现业务漏洞，让黑客有迹可寻，完成黑客操作。

针对这些问题，在区块链、大数据安全等领域颇有研究的顶象技术高级安全专家朱烨提出了四项防范措施。

2. 应对安全问题的四项防范措施

（1）对非法登录和操作进行防控。利用区块链安全技术辨别登录的真伪，并对IP、终端等进行画像分析，及时发现不是用户本人操作的提现、转移等非法操作并主动拦截。

（2）对外部入侵和利用漏洞现象进行防控。利用区块链技术阻断漏洞尝试，拦截各类风险操作，保护AppH5，对钓鱼场景加以识别等。

（3）对数据和隐私加以保护。利用区块链的安全技术对使用者身份的确认，对隐私和各项数据加以保护。

（4）作为保障用户各种资料信息和利益的数字货币第三方交易平台，使命还是相当重大的。因为只有保障了客户的安全，才能让数字货币长远地发展。

对于数字货币交易平台来说，安全性至关重要，因为安全性决定着他们的生死存亡。只有把防范措施做到位，交易平台才能健康持续发展。而要把防范措施做到位，就需要一个强大的技术团队。这一点数字货币交易平台要引起足够的重视。

二、安全网离不开金融部门的携手

2018 年 3 月，央行行长周小川率团出席了在阿根廷举行的 G20 财长和央行行长会议，这也是阿根廷担任二十国集团（G20）主席国后的首次 G20 财长和央行行长会议。此次会议主要针对全球的经济形势、基础建设、金融部门的发展、未来工作、反恐怖融资等问题展开了讨论。

二十国集团一直以来都紧密关注金融界的动态，在金融危机后，G20 已经连续两次推动了国际货币基金组织（IMF）增加资产，并对 IMF 进行治理改革。在会上，周小川呼吁各方以史为鉴，构建更加中心化的全球金融安全网，加强以国际货币基金组织（IMF）为核心的全球金融安全网。

国际货币基金组织做出的回应，便是在国际储备货币和资本流动等领域展开了大量的有意义的工作。这样相互促进、相互辅助的工作，既能保障金融界的安全有效发展，也能更好地为实体经济体系服务。

关于数字货币，无论是周小川本人，还是G20所有会长，都非常重视。因为加密数字货币范围虽然小，但是影响大，是不可忽视的金融产品，但目前来看数字货币对实体经济是否有好的影响仍存在疑问。

周小川说，面对加密货币带来的如非法交易、恐怖融资、洗钱等影响社会秩序的恶劣事件，金融部门要发挥好监督和预防的作用。而这也是全球金融治理改革的重点。

第四节 币值波动

当数字货币被提到与传统货币同样重要的高度时，币值就成了一个不能忽略的关键点。币值不是恒定不变的，任何一个因素如闪崩后反弹、分叉风波等等，都会引起币值波动。币值波动不只会影响到个人，还会影响到一个国家以及国家之间的社会经济，因为币值的波动性是各国间经济交往的质量反映，同样，对于国家之间不平衡的进出口关系和经贸往来，币值波动也会起到调节性的反作用。

一、币值波动的原因

比特币是互联网条件下在货币领域出现的一次重大变革，即使之后又出现了许多的数字货币，也没有动摇比特币在数字货币中的绝对主导地位。据 coinmarketcap.co 的统计显示，截至 2017 年 8 月 17 日，比特币的市值超过了 700 亿美元，占到所有虚拟货币市值的一半，而排名第二的以太坊数字货币市值占比仅在 20% 左右。

随着数字货币的势头越来越大，各种虚拟货币也随之增多，截至 2017 年 8 月初，全球的虚拟货币总数已经达到了 1025 种，相当于每天都会有一种以上的虚拟货币产生。这些虚拟数字货币的加入会引起数字货币币值的巨大波动。

1. 山寨币的冲击

据了解，在某专业的虚拟货币交易平台上，可以使用人民币交易的虚拟货币就达到了四十几种，其中狗狗币、无限币、黑币等更是逐渐进入了大众视野。它们的涨跌情况与比特币有着一定的共性，差别是幅度不一样，且每种货币都有自己的上涨专线和寓意，比如地球币呈现的就是自然环保的理念，等等。

这些币一般都有山寨币的倾向，因为它们的交易平台少，所以就会伴随着高风险。几年前甚至有一个名叫“咸丰币”的，在认购之后便关闭了网站，解散了 QQ 群消失跑路了，这也给投资者一个深刻的提醒，投资数字货币要尽量选择有保证的币种，对于一些小的币种，选择时还是要持谨慎态度。

2. 监管态度的影响

比特币的价格还是会受到监管态度的影响，随着《关于防范比特币风险的通知》的印发，明确了比特币不能与法定货币有相同的法律地位，也不应该在市场上流通使用的事实，这也使得很多金融机构因为受政府监管不能开展比特币业务。

同时，央行又出台了比特币交易业务收取手续费的规定，这使得在全球比特币的交易中，人民币的交易额从 90% 下降到了 20%。这样的结果也显示了政府监管的威力，可以说政策永远是悬在比特币头上的一把“达摩克里斯之剑”。

二、Steam 团队的一纸声明：币值波动下的影响

在 2018 年的几个月里，比特币币值波动不断加大，比特币网络交易处理费用显著增加。举例来说，上半年的手续费一度达到将近 20 美元一笔的最高点（而我们刚开始支持比特币支付时只是大约 0.2 美元）。让人无奈的是，Valve 无法控制手续费的涨跌。因此用比特币购买游戏时，这些手续费极不合理地推高了购买成本。而比特币币值急剧下跌时，高额手续费又带来了更大的问题。

长期以来，比特币币值一直波动不断。但 2018 年的几个月里，波动程度走向极端，几天之内下跌可达 25%。这给用户尝试用比特币购买游戏带来了问题。在 Steam 上结账时，用户会转入 X 数量的比特币用以购买游戏，另外加上 Y 数量的比特币来支付比特币网络收取的手续费。由于比特币币值只

在一段时间内保持不变，所以如果交易无法在该时间窗口内完成，那么交易所需要的比特币数量就会发生变化。最近变化范围加大，前后差价异常明显。

通常要解决这个问题，要么向用户退还游戏购买款项，要么让用户转入更多资金，补足金额。无论是哪种情况，用户都会再次受到比特币网络手续费带来的影响。2018 年，我们看到越来越多顾客遇到这个问题。手续费居高不下，无论是退款或是让顾客补款都不可行（而且在比特币网络处理额外转入款项的过程中，视比特币币值变化的程度，又会使额外转入款项本身面临缴费不足的风险）。

币值的波动，影响最为直接的便是使用数字货币进行交易的各大平台。其中，最著名的案例，就是 Steam 游戏平台的一纸声明。

我们先来看一下这一纸声明：

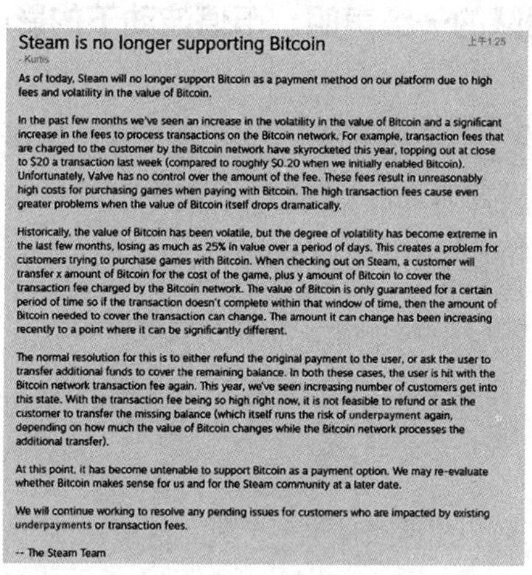

Steam is no longer supporting Bitcoin

上午1:25

- Kurtis

As of today, Steam will no longer support Bitcoin as a payment method on our platform due to high fees and volatility in the value of Bitcoin.

In the past few months we've seen an increase in the volatility in the value of Bitcoin and a significant increase in the fees to process transactions on the Bitcoin network. For example, transaction fees that are charged to the customer by the Bitcoin network have skyrocketed this year, topping out at close to $20 a transaction last week (compared to roughly $0.20 when we initially enabled Bitcoin). Unfortunately, Valve has no control over the amount of the fee. These fees result in unreasonably high costs for purchasing games when paying with Bitcoin. The high transaction fees cause even greater problems when the value of Bitcoin itself drops dramatically.

Historically, the value of Bitcoin has been volatile, but the degree of volatility has become extreme in the last few months, losing as much as 25% in value over a period of days. This creates a problem for customers trying to purchase games with Bitcoin. When checking out on Steam, a customer will transfer x amount of Bitcoin for the cost of the game, plus y amount of Bitcoin to cover the transaction fee charged by the Bitcoin network. The value of Bitcoin is only guaranteed for a certain period of time so if the transaction doesn't complete within that window of time, then the amount of Bitcoin needed to cover the transaction can change. The amount it can change has been increasing recently to a point where it can be significantly different.

The normal resolution for this is to either refund the original payment to the user, or ask the user to transfer additional funds to cover the remaining balance. In both these cases, the user is hit with the Bitcoin network transaction fee again. This year, we've seen increasing number of customers get into this state. With the transaction fee being so high right now, it is not feasible to refund or ask the customer to transfer the missing balance (which itself runs the risk of underpayment again, depending on how much the value of Bitcoin changes while the Bitcoin network processes the additional transfer).

At this point, it has become untenable to support Bitcoin as a payment option. We may re-evaluate whether Bitcoin makes sense for us and for the Steam community at a later date.

We will continue working to resolve any pending issues for customers who are impacted by existing underpayments or transaction fees.

-- The Steam Team

图 5　Steam 游戏平台不再支持比特币的声明

资料来源：Steam 新闻网页

从声明中我们可以看到，Steam 游戏平台宣布将不再与比特币合作，将停止用户使用比特币进行交易，而原因是“比特币手续费居高不下，币值波动频繁”。由于手续费的增加大幅度提高了购买游戏的成本，无奈只能结束和比特币的合作。

如果这样的解释还不能让你明白 Steam 游戏平台的无奈，那么，我们再看一下当日美国 GDAX 交易平台的数据。

据美国 GDAX 交易平台数据显示，比特币在 2018 年曾经一度暴涨 20%，突破了 14000 美元，刷新高位纪录。根据统计显示，比特币从 5000 美元涨至 6000 美元只用了 8 天时间，以后每涨破千美元整位数关口的时间依次为 8 天、14 天、9 天、2 天、1 天、6 天、17 天和 3 个小时。

很显然，币值波动会影响到每一个参与数字货币相关行业的人。

三、币值波动下的投资

就在 Steam 游戏平台发表声明的一个月后，币值波动再次迭起。

出于对韩国以及其他国家虚拟货币监管审查政策的担心，2018 年比特币的单价一度跌破了 10000 美元，这影响了全球虚拟货币的交易，大量的虚拟货币被抛售，价格一再下滑，据 CoinMarketCap.co 网站的数据显示，2018 年某一时期的峰值 8300 亿美元下降到了 4550 美元。

众所周知，投资比特币这种虚拟货币是不稳定的、投机化的，社会对于这种新型数字货币的绝对安全性也有着合理的怀疑，这样的情况可能会造成投机者们的悲剧收场。而在经历了起伏不定的情况后，交易员有时会采取一些和标普500指数、道指、黄金期货或法定货币的投资者类似的策略。

币值波动是危机，也是机遇。因为下跌的虚拟货币将给一些资金充足，有能力等待其上涨的用户一个低价买入的机会。

投资者也可能会倾向于稳定的，基于区块链技术的，与美元挂钩的加密货币，比如泰达币。因为泰达币采用的是分布式分类账技术，在比特币市场下跌时，其表现与比特币的微弱反向相关性和稳定性受到了用户们的一致好评。

泰达币的出现本来是为了方便在区块链上进行国家货币交易。然而，在比特币市场下跌时，它的出现恰好满足了这部分投资者的所有要求。

还有一部分投资者趁机购买新币（NEO）和以太币。因为以太币以其稳定性而著称，所以在经济低迷的时期，受到了很多人的青睐，进而大量购买。这些为用户提供真实功能和用途的数字货币，在2018年的表现要比比特币好得多。

由于币值的波动，投资市场上一片动荡，那么专业人士又怎么看呢？

Crypto Compare的首席执行官，也是Crypto Compare创始人的查尔斯·海特（Charles Hayter）说："所有这些策略是任何交易员都会采取的有效和明智的举措，类似于传统的黄金、公用事业和买入下跌的市场防御策略。加密货币就存在于当下，我们才刚刚开始看到从蛮荒的西部到现代空间端倪。华尔街仍将在加密货币领域留下足迹。"

Nucleus Vision的首席执行官阿布舍克·皮蒂（Abhishek Pitti）说："加密货币产业以前也曾经历过这样的灾难。事实上，我们今天看到的比特币价值波动并不是前所未有的。"

英国交易平台 eToro 的总经理 Iqbal Gandham 表示："我想说的是，交易员们可能会在一段时间内忽视其波动性。当然购买新币是一个选择，但当市场采取这种方式调整的时候，大多数人会坐视不理，而不是积极采取行动。"

第五节 人类的货币发展演进史

当所有人都在沉迷于数字货币的魅力的时候，我们必须保持冷静。让我们先回头来看一下它的发展进化过程吧。

一、从实物货币到数字货币

1. 实物货币

其实在原始社会末期就已经有最早的货币出现了，当时人们以身边受大部分人欢迎的、公认的、有价值的物品来充当货币，以交换自己需要的物品。因为具有好分割、易携带、价值高的特点，海贝作为人类最常使用的货币也影响了汉字的发展，汉字中与价值相关的大多与贝字有关，如财、资、贪、贫、购等。

2. 金属货币

到春秋战国时期，由于时代的发展令金属称量的货币方式逐渐被淘汰，逐渐取代金属称量的是金属铸币。这应该归功于秦始皇的超前意识，他在统一了文字后又统一了货币，秦朝的“方孔圆钱”是世界上最早的由政府法定的货币。

3. 宋朝“交子”与货币标准化

随着社会的发展，在宋朝时使用铁、铜、金和银等材料制造的钱币越来越不能满足人们的需求，在对轻便的货币有着极高要求的四川出现了最早的纸币——“交子”。纸币的出现，是人类货币历史上的一大进步。

4. 虚拟货币的产生

2008年的金融危机相信很多人至今印象深刻，在当时有人化名“中本聪”发表了一篇关于比特币的论文，描述了比特币的概念，并指出了比特币的特点，比特币的产生标志着一种新型的货币模式将进入人们的视野。

虚拟货币的产生是社会发展的结果，它以极低的交易成本和极为便捷的交易手段迅速被大众所接受。一个新兴事物的产生必然会面对着人们的质疑，这是必然的，随着时间的推移，相信虚拟货币和法定货币之间一定会获得良好的平衡。

二、石油币：颠覆传统货币的数字货币

2018 年 2 月，是数字货币史上具有里程碑意义的一个月：

2 月 20 日，委内瑞拉总统马杜罗宣布：正式推出数字化“石油币”。这意味着全球发行了第一个具有国家主权性质的法定数字货币。外电是这样报道的：人类地球上诞生第一个委国家主权、法定的数字货币“石油币”。

2 月 21 日，美国报道：委内瑞拉“petro”加密货币开启预售首日吸金 7.35 亿美元。这就意味着美欧对委的经济封锁失败了。

2 月 22 日，马杜罗再次发表电视讲话，表示再发行“石油黄金币”。

一时间，无论是经济学界，还是金融界，抑或是各大交易平台，都在争相讨论这件事情。让我们来看看这个引起全球目光注视的数字货币吧。

1.“石油币”白皮书

作为受世人瞩目的第一种数字货币在委内瑞拉正式发行，其带来的结果会是怎样，数字货币能否颠覆传统货币给我们带来不一样的惊喜，我们都要拭目以待。

委内瑞拉“石油币”的《白皮书公告》：

发行方：委内瑞拉政府。

发行数量：1 亿个。

发行时间：2 月 20 日—3 月 31 日。

发行价格：60 美元。

发行基础：50 亿桶石油。

发行过程：2月20日至3月19日，定向预售3840万个；3月20日起，公开发行4400万个；另外1760万个，将由委内瑞拉政府设立的数字加密货币管理机构持有。4月1日起，石油币将在委内瑞拉国内和国际上的数字加密货币交易所上市，进行二级市场交易。

发行背景："石油币"的发行，将促进委内瑞拉经济独立和金融开放，打破美国对委实施的金融封锁，推动构建公平的国际金融秩序以及新兴经济体之间的交流。

发行收入安排：15%投入科技研发，15%投入数字加密货币生态环境建设，15%投入与石油币相关项目，其余55%将进入国家主权基金。

发行技术形式：以太坊ERC20代币。

2."石油币"的意义和影响

对于委内瑞拉来说，"石油币"的发行具有以下重要意义：

（1）"石油币"的国家信息——在委国通货膨胀，外债压力，外国制裁等艰难困境下，全新的融资方式对委国走出困境尚有一线生机。

（2）"石油币"的使用价值——可以作为支付公共服务的货币使用，不可兑换石油。

（3）"石油币"的获得——可以从政府指定商户按照60%的折扣购买；政府在银行建立挖池，用户可以在银行挖矿。

（4）"石油币"的总数——大概有1亿个。

（5）“石油币”的投资者——来自土耳其、卡塔尔和其他中东国家，还有来自欧盟和美国的投资者。

“石油币”的发行，在国际上有什么影响呢？让我们来了解一下。

委内瑞拉率先发行的数字货币这一前卫概念实际上打破了美国的制裁，而面对虚拟货币的未知则等于面临着一定的风险，得失之间，相信委国早已做好了透彻的分析。

在全球各国都非常慎重地面对数字货币的时候，为什么委内瑞拉要做“第一个吃螃蟹的人”呢？

当时，委内瑞拉的处境异常艰难，在国内，国家通货膨胀、货币贬值，主要的石油经济也已经处在崩溃的边缘；在国际上，还面临美欧的经济制裁，急需为自己在绝境中开辟一条可行之路。“石油币”的出现缓解了该国的萧条景象，也为同样境况的其他国家提供了一条可以被模仿的自救之路。

从全球范围看，随着社会的不断发展，数字货币代替法定货币似乎也是早晚的事情，所以在多种条件的推动下，委内瑞拉发行的数字货币诞生了，作为全球第一个正式发行数字货币的国家，委内瑞拉或许无意中引领了全球关于货币的思考。

3. 国际影响

委内瑞拉的“石油币”白皮书面世以后，美国迅速出台了针对“石油币”的法律。而委国因为在绝境中开辟了人类货币史上的先河——“石油币”，也引领了很多国家做出了关于数字货币的思考——从2017年开始，一些国家的政府已经表态考虑发行法定数字货币，包括：日本、俄罗斯、新加坡、以色列、迪拜、瑞典、爱沙尼亚等国家。

随后，以色列也宣布发行两种数字货币——Carat 和 Cut。Carat 的定位是广大投资券，Cut 将应用于钻石市场参与者之间的结算。俄罗斯和日本也计划了数字货币的发行，暂定名称为 J 币和 M 币。而瑞典也在发行数字货币的路上积极地准备，其货币名称为“ekrona”。

无论国际上有怎样的影响，“石油币”发行的第一天便获得了 7.35 亿美元的认购订单，这对于困境重重的委内瑞拉无疑是利好消息。虽然“石油币”由于诸多因素而前途未卜，但是它的出现确实给委内瑞拉带来了希望的曙光。

三、数字货币监管政策

2017 年以来，中国宣布了限制比特币的“挖矿”行为并引导其退出市场，然后召开会议商讨数字货币的交易监管，后来又发布了《关于开展为非法虚拟货币交易提供支付服务自查整改工作的通知》，这些似乎都在预示着政府进行监管数字货币的时代已经越来越近。

与中国有所不同，泰国对区块链技术和加密货币表现出了友好的态度。对此，中国人民大学法学院副院长、金融科技中心主任杨东教授在东南亚区块链高峰论坛上发表了“数字货币市场的监管反思与趋势”，不仅对中国数字货币形势进行了分析，还给泰国政府提出了建设性意见。

对于大家关心的国家是否会对数字货币和 ICO 进行监管的问题，相关媒体专门采访了杨主任。

在采访中，杨东教授表示，国家未来一定会对数字货币和ICO进行监管，这样做的目的是为了平衡其行业的优胜劣汰，即好的留下，不好的淘汰，这样才能维持这个行业的平衡，才能向好的方面发展。

而对于有些想钻漏洞的企业跑到国外不受国内监管的想法也是不成立的，一是因为ICO的实时定位可以被政府监控，二是ICO将会被列入法律，国家可与多国跨境监管合作，三是ICO会被纳入证券范围进行监管等等，这些措施会使不符合市场的行为无所遁形。为了让币圈保持稳定长久的发展，其他的政府监管相关措施也会在不久的将来出台。

第六节 共识机制

一、共识机制

马克思曾经指出："全部社会生活在本质上是实践的"，实践是社会关系的发源地。实践内在地包含着三重关系，即人与自然的关系、人与人的关系以及人与其自身意识的关系，这些关系构成了人类社会最基本的关系。因为我们要讨论的问题很低层，它不仅是区块链的核心问题，也是人类社会的基本问题：机制协调好这三层关系，更好地发挥作用，必须要有一套机制。

基于博弈的社会追求一种动态平衡，但是一套好的机制使事物完美博弈，达到均衡谈何容易，未知的新事物在不断涌现，打破现有的均衡；哪怕是已有体系也不时出现漏洞，造成一定范围的震荡。我们的法律在不断修正，跟我们改 bug 一样，经常在 patching。有监督的系统尚且这样，可以想象到构建无监督的自适应机制的难处，区块链所追求的是构建无监督自适应的共识机制。

维系区块链各个角色均衡、自我适应的方法就是区块链的共识机制，目前大家熟知的共识机制有：POW、POS、DPOS 等等，还有一些根据自身业务情况定制的共识。

POW（Proof of Work）即工作量证明，目前区块链的主要应用比特币，以太坊现阶段均使用的是 POW 方式。

设立一个奖励，要想得到就得付出代价，付出代价的方式是解题（比特币是 SHA-256，以太坊是 SHA-3），谁先解出来，奖励就归谁，一旦计算出来后，要告诉大家，大家会帮你验证，大家都承认后你就可以拿到这个奖励，然后基于这道题目继续算下一个题目，如此反复。

因为每一个区块链都是基于前一个区块链产生的，如果有攻击者要修改之前的记录，从那之后每一个区块链都要重新付出劳动，POW 机制通过控制区块的平均生成时间，降低攻击者试图赶上随后区块的概率。

大家帮忙验证其实是一个集体投票的结果，大多数人决定了最长的那条链，因为它包含了最多的工作量证明，并且投票是基于计算力（CPU），有计算力才有投票权。

可见 POW 需要大量的工作量证明，对能源造成很大的浪费，每次全网只有一个（或少数）的工作被认可；由于利益的驱使，会使部分人想尽办法增加计算力出现了矿池、矿场，计算力从 CPU、GPU 到 FPGA、ASIC，无疑汇集了少数的中心，有悖于当初去中心的构想。

POW机制解决了拜占庭将军问题，即在互相不信任的情况下，只要好人的数量大于坏人，就能保证系统的正确运转（符合大多数的意愿），让系统具备一定的容错性，这也就是大家所说的：区块链具备去信任的能力。

拜占庭将军问题是一个经典问题，被应用于可靠传输、可信计算等各个方面，我们也可以去尝试以更加通俗的方式探讨这个问题。

二、最常见的四种共识机制

1. POS、POW、POOL、DPOS

我们现在说的共识机制，其实就是区块链中所追求的自适应、无监督的共识机制，目前来说大概有四种，它们分别是：POS、POW、POOL、DPOS，现在我们逐一来介绍。

POS共识机制：POS共识机制即权益证明，其优点是缩短了达成共识的时间，缺点就是还是需要挖矿，本质上没有改变什么，原理是根据每个节点所占代币的比例和时间；等比例的降低挖矿难度，从而加快找随机数的速度。

POW共识机制：优点是去中心化，节点自由输出，缺点是共识时间长，前期已吸引了全球大部分的计算能力，现在很难通过这种共识机制来保证相同算力下的自身安全，挖矿造成了资源浪费。原理是通过运算，计算出一个满足规则的随机数，即获得本次记账权，发出本轮需要记录的数据，全网其他节点验证后一起存储。

POOL 共识机制：优点是共识验证可秒识，无需代币也可以工作。缺点是去中心化程度有所欠缺。原来是利用传统的分布式一致性技术，加上数据验证机制。

DPOS 共识机制：即股权授权证明机制，优点是共识验证可秒识。缺点是共识机制太过依赖于代币。原理是类似于董事会投票，持币者投出一定数量的节点，代理他们进行验证和记账。针对这四种机制各自的优缺点，总结来看现有的 Rippled 端并不适合民用，而如果是商用的话影响就比较小。

2. 发行机制和优缺点

POW 的新增机制是“挖矿”，就是矿工每完成一定的工作量的计算，就有可能获得一个虚拟的新增的比特币，而要获得真的比特币则要遵守发行机制，按算力比例分配的规则，即必须是全球第一个找出特定 HASH 值的人。

POS 的新增机制是“利息”，即在用户持有 POS 币的时间内保持客户端的开放，将会获得 POS 给用户带来的利息。以上这几种共识机制的优缺点如表 2 所示。

表 2　POW 与 POS、DPOS 之间优缺点的对比

类型	优点	缺点
POW	1. 算法简单，容易实现； 2. 节点间无需交换额外的信息即可达成共识； 3. 破坏系统需要投入极大的成本。	1. 浪费能源； 2. 区块的确认时间难以缩短； 3. 新的区块链必须找到一种不同的散列算法，否则就会面临比特币的算力攻击； 4. 容易产生分叉，需要等待多个确认； 5. 永远没有最终性，需要检查点机制来弥补最终性。
POS / DPOS	1. 算法简单，能耗低。	1. 没有专业化，拥有权益的参与者未必希望参与记账； 2. 容易产生分叉，需要等待多个确认； 3. 永远没有最终性，需要检查点机制来弥补最终性。

三、共识机制的博弈

共识机制其实是区块排序和验证的一种概括性叫法，博弈作为运筹学的一个重要组成部分用来描述这种规则也是恰到好处的。

因为各种共识技术均有其自身的优缺点，所以到目前为止还没有哪一种共识机制能够做到百分百完美，而对于其不完善的原因我们就从现有的主要模型中进行分析。

简单来说，区块链就是一个有顺序的交易记录的链条，这个链条是按照时间顺序记录交易等信息的区块，并且对信息进行加密技术，再盖上时间戳来形成信息的不可逆，而分布式存储技术则实现了最大限度的容错率。

共识机制在这个记录过程中起到什么作用呢？

我们把可以记录时间、有规则限制时间，并按照正确的时间排序的规则称为共识机制。从经济学角度，我们可以理解为数据记录与点对点传递

需要生产的规则。从政治经济学角度，我们可以把它理解为人与人分工协作的协调结果。而从区块链整体的生态来看，这种协调机制就等于是区块链生产关系本身的上层建筑的概念了。

目前较为主流的共识机制大概有POW（Proof of Work）工作量证明、POS（Proof of Stake）权益证明、DPOS股份权益证明、PBFT Practical Byzantine Fault Tolerance、实用拜占庭容错、dBFTdelegated BFT授权拜占庭容错算法、POOL验证池等几种。在这些共识机制中，都有内在的继承性。随着区块链技术的发展，它们需要改进，但截至目前，改进还是一个很困难的事情。

第六章

数字货币的发展现状

一直以来，人们对数字货币都有一个误区，总以为它是虚拟货币，因此经常被讹误为虚拟货币。但随着人们对数字货币的逐渐了解，终于明白它与虚拟货币之间的异同点：数字货币不一定是虚拟的，虚拟货币也不一定是数字化的。那么，当人们对数字货币有了新的了解，它的现状又是怎样的呢？

第一节 国内政策

一、国内数字货币政策现状

在我国，由于人口众多且互联网覆盖率逐年上升，潜在的数字货币交易者数量十分庞大。然而，由于我国的数字货币交易市场不完善，很多ICO与交易平台、机构都没有经营执照。为了防范与降低民间贷款与非法集资带来的金融风险，中国银保监会在2018年4月宣布，所有ICO平台和比特币交易需要退出中国市场。

对于这个决定，众多业内人士进行了解读，大致有以下几个方面：

首先，由于ICO对国内金融市场的稳定不利，且容易造成非法集资的金融风险，所以明确不允许其在国内开展经营业务。

其次，目前中国银保监会仅仅只禁止了比特币的市场交易，而没有禁止其他多达上千种的数字货币，这说明数字货币还尚有部分发展空间。

最后，虽然国内禁止了ICO与比特币的交易，但中国依旧拥有非常多的数字货币持有与参与者，交易和平台机构有可能会大批量向海外转移。

远观大洋彼岸的美国，其投资机构的数量甚至超过个人投资者，并且建立了非常完善的数字货币期货和交易市场。纳斯达克（Nasdaq）甚至表示将有机会在适当的时机推出数字货币交易平台。

而位于亚洲的日本，虽然国内市场相对较小，但金融与数字货币受到政府的支持与鼓励，针对海外机构建立交易平台有非常宽松的政策。

虽然目前全球的数字货币交易市值只有4000亿美元，但从市场的发展趋势可以判断，三五年后的市场市值极有可能达到数万亿美元。然而，可以看到，针对数字货币无法遏制的快速发展，中美日三国政府在国内的数字货币发展政策大不相同。

二、为什么要打压数字货币

一直以来，数字货币的交易风险与市场波动非常高，从2018年以来，以比特币为代表的数字货币正经历着非常缓慢与低迷的调整阶段，尤其是中国市场对比特币的限制和整顿，比特币市场连续出现多次“跳水”，这也导致了莱特币、以太坊、以太经典、达世币等数字货币纷纷出现下跌趋势，原来对于数字货币抱有巨大期待的投资者，也对未来数字货币市场的发展感到迷惑不解。

在股市情况也是一样。与比特币和区块链相关的概念股大幅受挫，美股市场也大幅下跌。例如，致力于开发与虚拟货币“挖矿”有关的先进技术：电力系统的DPW Holdings公司跳水幅度大，股价大幅下跌。

比特币和区块链的股市情况与市场情况不甚乐观，最主要的原因还在于几个主要国家央行的强制监管。例如，我国央行发布红头文件整改非法虚拟货币交易，禁止相关的服务机构例如ICO和数字货币交易平台经营。重磅监管在一定程度上会阻碍比特币的顺利发展。

如果仔细观察，就不难发现，事实上，央行对于数字货币的政策仍保留有余地。

央行在禁止比特币在国内市场交易的同时，也在大力开发区块链技术和有关数字货币的相关政策。例如，建设基于区块链的数字票据交易平台以及成立数字货币研究所等，看似矛盾的政策与行为，实质上是中央银行在大力降低数字货币对金融市场的风险。

2017年比特币的收益率高达1700%，远超创业板、房地产等板块的收益率，且整体价值非常高。可以预见，这将会吸引大量的国内投资者涌入比特币市场。

而数字货币由于市场波动非常大，一旦出现价格下跌与市场崩盘，则会造成大量的国内资产损失与外流，这将在很大程度上扰乱我国的金融市场秩序。如果政府权力机构不实施大力打压，将会有海量的国内资金外流进入这个市场，从而造成严重的投机与潜在的资本外流。

此外，央行大力打压比特币的市场交易与发展，也是要巩固自身的“铸币税”权力，而比特币会对这一权力造成威胁。由于比特币的控制权不在央行手中，这将会严重影响政府的税收与货币政策。这也是多个国家明令禁止比特币的交易与严控ICO和数字货币交易平台的原因。

但是，比特币与数字货币的发展对数字金融还是有很大的借鉴意义的，可以通过数学原理来降低成本，提高效率。这也是央行要大力发展区块链技术与数字货币的重要原因。

三、央行的数字货币与市场上的数字货币的不同点

央行意图发行自己的数字货币与成立数字货币交易平台，那央行发行的数字货币与市场上的数字货币（例如比特币）相比，有哪些不同点呢？

两者的不同点主要集中在以下三个方面：

首先，央行自身的数字货币有国家购买力的保证。由于比特币只是虚拟的数字货币，根据数学算法而来，没有实体等价物对它进行保证，所以市场波动与政策风险对其价格影响巨大。而央行自身的数字货币则不会存在这个问题，由央行对其进行背书是国家信用的保证。

其次，比特币采用公有链，交易者都可以加入并进行交易，而央行数字货币采用区块链技术中的私有链，安全系数更高。其网络是不能任意加入的，用户只有指定的读写权限。这也能有效解决海量信息存储的问题，能够提高交易效率并节省运算力。

最后，“去中心化”的程度较低，保障价值稳定。由于比特币是完全的“去中心化”，极易受市场波动与政策的影响。而央行发行的数字货币可以直接掌管区块链里更高的节点和更大的权限，这样也更有利于对数字货币的监管。

第二节 日本政策

一、日本的数字货币政策

日本作为世界上最大的数字货币交易中心之一，数字货币交易市场非常繁荣。一直以来，日本的数字货币发展政策都比较宽松，并且大力支持数字货币与数字交易平台的发展。

与中国严控比特币交易的官方政策不同，日本官方很早就认可了比特币以及其他数字货币的支付地位，批准了多家数字货币交易所与交易平台。此外，日本政府也出台了一系列的监控标准与政策，降低了反洗钱与资产外流的风险。作为亚洲唯一鼓励与支持数字货币的国家，日本的做法大大刺激了其国内数字货币市场与贸易的发展。

2014年2月，日本立法机关以Mt Gox比特币交易所被盗85万个比特币（当时约合4.3亿美元）的事件作为数字货币发展的重要推动力，推动数字货币交易的发展。有学者认为在日本既然不可能禁止数字货币交易，最好的方法是让这些交易所在合适的金融监管政策下，领取牌照，搭建一个去中心化的交易平台，让日本从这些交易平台上获利。

在争论中，日本政府于2017年4月为交易所制定了一系列标准和规则，还修订了《资金结算法》，日本政府承认比特币将作为一种合法的支付方式存在。

同年7月，日本政府正式终止了在交易所购买比特币所需支付8%的消费税。

同年8月，日本金融厅透露，该机构已经接受到大约有50家比特币交易所提交的注册文件。为此，金融厅还成立了专门监督数字货币的小组。

同年9月，日本金融厅发布了首批得到许可的日本“虚拟货币交易所”名单。首批获得牌照的包括BTCBOX、GMO、QUOINEX、Bitflyer、Zaif、BitBank、Bitpoint等在内的11家交易所，这也是全球范围内首批正式获得政府批准的虚拟货币交易所。相比起日本对数字货币的接受程度，我国要严格很多。早在2017年9月，以中国人民银行为首的七大部门就联合发布了一则名为《关于防范代币发行融资风险的公告》。在公告里，将区块链代币发行ICO定义为非法集资。在公告发布之后，国内有多家数字货币交易平台陆续迁往国外。

中国政府出台这一政策，是十分必要的。纵观公告发布之前的ICO市场，一片乱象。为了获取利益，投机者组建团队，成立各种项目。一旦募集了资金后，就销声匿迹，让人找不到踪影。这种疯狂的敛钱行为打乱了金融市场秩序，政府只有重拳出击，才能维护金融市场的正常发展。

二、日本的数字货币监管

众所周知，日本对数字货币的开放度很高。大量的数字货币交易所与准许政策相继批准，而在数字货币市场繁荣的背后，日本对数字货币市场的监管非常完善。日本政府于 2017 年 4 月修订了《资金结算法》，这个法案明确了数字货币的合法性。

此后，根据日本金融厅的相关数据显示，在颁布《资金结算法》以后就相继有 50 家数字货币交易提交注册申请，发放的交易平台牌照共计 16 张，而日本国内的大型企业例如乐桃航空、Bic Camera 等也宣布了支持数字货币的支付服务。

由于日本对数字货币的政策环境非常宽松，很多中国或韩国的数字交易平台转战日本，日本的数字货币市场发展迅速。

尽管日本对数字货币的开放程度很高，但在实际的数字货币市场交易和运营时，政府对数字货币的监管还是比较严格的。在 2017 年，全球最大的交易所平台之一的币安计划宣布退出日本市场，而随后，加密货币交易所 Kraken（美国）也正式宣布会终止在日本的数字货币服务。在短时间内，两家国际数字货币交易所相继退出日本，这也说明了日本数字货币市场监管的严格性。

有相关人士解读，尽管日本率先在法律地位上承认了数字货币的合法性，但在市场交易的政策制定上却有很强的制约性，数字货币交易仍然受到不少的阻碍。例如，在调查线下交易情况时发现，日本的现金支取非常便捷，使用数字货币或非现金支付手段往往会有很高的手续费，因此小型零售业和消费者的普通日常消费更偏爱现金交易。

此外，受传统观念的影响，日本国内买卖双方对数字货币支付的安全性也存在交易风险与安全漏洞。除了社会观念与现金交易的传统因素，系统研究近年来日本对数字货币的法律和政策，也发现日本政府一直在密切监控数字货币发展以及平台交易。这可能是上述两家国际数字货币交易所退出日本市场的原因所在。

通过上述分析可以看出，无论任何国家，如果试图用中心化的监管方式对数字货币进行监管，其结果都往往是交易所平台向国外转移。事实上，数字货币的交易不只是国家之间的监管博弈，还是政府和投资者之间的博弈游戏。区块链技术创造数字货币的目标本身就是使其不受监管。

虽然 G20 峰会未能对数字货币交易达成一致的监管意见，但欧美发达国家对数字货币的交易是谨慎且严格监管的；在日本，虽然从表面上未对交易所平台的入驻设限，然而事实上日本的金融监管政策相当严格，一旦交易所平台出现人为交易漏洞或技术问题，其将被禁止在日本营运。

第三节 数字货币在美国

一、美国的数字货币政策

美国的数字货币交易政策总结起来就是管放结合、兼收并蓄。美国金融交易市场的投资者比较成熟，这是美国发展数字货币金融的优势。无论是股票交易、商品期货，还是衍生品的交易，都是机构庄家间的厮杀，个人投资者占比很小，庄家则是机构投资者，是市场的主力军，个人因素完全可以被忽视，对美国的数字货币市场而言，同样如此。

美国试图在未来建立一个全球完整的数字货币交易市场，并在数字货币交易规模的扩大中渔利。一旦市场交易规模从 4000 亿美元增长到 1 万亿美元，从 1 万亿美元增长到 10 万亿美元，一旦美国成为数字货币交易的大本营，就可以从中获得两方面的好处，一是可以征收交易印花税，金额相当可观；二是数字货币的发展极有可能成为触发美国经济快速增长的新引擎，成为金融市场的有力武器。

但这个计划的实现依旧存在不少困难，例如数字货币交易市场若在以后的发展中转化成类似于中心化的股票市场，那么数字货币的本质也会发生改变。毕竟数字货币的交易发行是以去中心化的区块链技术为载体，在政策与监管方面，日本政府的做法或许更为明智。

据 IMF（国际货币基金组织）的最新金融报告显示，目前全球市场的数字货币市值占比较低，甚至不到 G4 央行合并资产负债表的 3%。数字货币的发展程度有限，尚不足以与现行的法定货币相提并论。但随着数字技术与互联网的发展，以及数字货币对金融市场的效率的提升，数字货币也许可以承担货币的交易与支付职能。

矛盾的是，一旦政府对数字货币金融不实施监管，那么加密数字交易规模过大时，可能会影响金融稳定，并且非法活动也难以控制。

二、美国金融主管机构的态度

美联储认为数字货币比特币和现金存在三个共同点，即内在价值缺失、限量发行和直接交易：

（1）比特币是数据形态，现金的印刷则需要一定的支付成本，二者均没有内在价值。

（2）比特币的发行数量有所限制，即其发行上限为 2100 万个，限制发行可以有效地让比特币实现保值，这与现金发行原理相同。

（3）比特币将金融机构等第三方排除在外，是“点对点”的在线交易，这和现金交易一样，不需要任何中介。

数字货币的优势让美国政府与金融主管部门对其发展持有乐观预期。美联储前执行长 Garratt 认为，尽管美国现行的支付方式基本为信用卡交易，无现金的经济政策实施存在一定的难度，但区块链技术的发展与应用可以有效地解决这一问题，很有可能是美国实现无现金社会的关键。

美国政府一直在积极推动建立区块链国际标准，事实上，相当一部分区块链国际标准是由中国提出的，在这方面，中国的贡献很大，并获得世界各国的认可。标准的制定是非常具有公益性的，统一的标准与规则可以适用于很多其他的地区与情境，区块链标准制定的背后也有技术专利的推动，故而各国对区块链技术与数字货币的研发都非常重视。

第四节 银行的态度

一、中国央行对数字货币的态度

随着数字货币在全球金融市场的兴起，区块链、数字货币技术的发展成为各个国家金融研究的热点问题，纷纷开始探索和制定其理论与实践方案。

我国积极开展了数字货币的研究与探索工作，例如，早在2014年央行就针对数字货币成立了研究小组进行发行数字货币的系列研究报告、召开数字货币研讨会等，取得了很多研究成果。

多数学者认为我国的数字货币需要规范运行，并且由中国人民银行统一发行。只有规范化的、标准化的数字货币市场才能有效地提升金融市场发展质量，从而促进我国社会经济的发展。

1. 中国人民银行开始研究法定数字货币

近年来，微信和支付宝等第三方移动支付发展迅速，不仅为大众提供了便捷的支付方式，而且支付理念不断创新，支付技术快速发展。同时，由数字货币迅速发展而带来的新科技与新思维，也改变着人们的生活与消费习惯，例如区块链技术、无现金支付等等。

很多国家都开始研究数字货币、区块链、分布式记账等关键技术，并制定相应的法律标准。而我国央行也早就对数字货币进行了研讨，成立了数字货币研究所，并于2017年经国务院批准正式展开数字货币与电子支付的研究项目，以期与业界共同推动数字货币的问世与良性发展。

2. 数字货币可以降低发行成本，提高经济效益

相较于传统货币，数字货币使用更加便捷，成本更低，经济质量、经济效益更好。相反，纸币等传统货币的发行和使用成本高，安全性低。

3. 电子货币等移动支付技术是良好的基础

目前，我国是全球电子商务最活跃的经济体，移动支付处于全球领先水平。互联网的普及、个人电脑和智能手机数量的迅速增长为电子货币的普遍使用创造了条件。而法定数字货币的使用和推广也需要借助移动终端。因此，我国法定数字货币的发行和使用的基础良好。

4. 电子货币和虚拟货币风险依然存在

比特币等非法定数字货币不受现有金融体系的监管，容易积累金融风险，数字货币虽然采用了分布式记账等新技术，但是由于其虚拟货币的特点，对账户与中心网络的依赖程度高。在现有技术条件下，一旦被黑客攻击就很有可能遭受巨大损失。在这些风险背景下，央行认为，设计和发行法定数字货币是顺理成章的。

二、委内瑞拉对数字货币的态度

与日本一样，委内瑞拉对数字货币持欢迎的态度。当中国、韩国等国家对数字货币进行严格限制时，委内瑞拉却打开了政策开放的大门。

2017 年，委内瑞拉总统马杜罗宣布成立数字货币银行，这是委内瑞拉的第一个数字货币银行。委内瑞拉成为全球首个以国家为单位发行数字货币“石油币”与成立“数字货币银行”的国家。

为何委内瑞拉对数字货币的态度如此宽松？这与其国内经济环境密切相关。委内瑞拉是世界上最重要的石油生产国和出口国之一，石油产业是其经济支柱。

一直以来，委内瑞拉由于其充足的石油储备而发展石油经济，近年来受油价下跌的影响，仅靠单一石油出口的委内瑞拉面临着严重的经济危机，面临生活用品严重短缺等问题，厕纸、食品、避孕套、药品、电力等都很难买到，甚至由于糖严重短缺，连可乐都停止了生产。市场物资的短缺滋生了不少黑市，使得民众的生活更加困难，国家经济从繁荣走向崩溃。

一度生机勃勃的委内瑞拉，现如今已经成为通货膨胀最严重的国家，它拥有全球最高的通胀率，高达180%。这是因为石油价格暴跌，与政府长期高额福利形成的财政赤字逐步形成的困境。随着油价的暴跌，政府收入锐减，委内瑞拉央行只能通过增加货币发行量的方式来弥补财政赤字的漏洞，而纸币发行量的骤增，则导致了通货膨胀开始飙升，最终使国家经济陷入了困境与崩溃边缘。

在这种困境中，委内瑞拉开始发行数字货币并成立数字货币银行，将数字货币正规化，其目的非常明显：就是想获得更多利益，以解决通货膨胀问题。

在全球，“数字货币”炙手可热，其利润相当可观。在理论上，数字货币大多都是通货紧缩的，因为数字货币在一开始就是限量发行，委内瑞拉选择对数字货币的开放政策也正是期望通过规范化的运营来刺激国内市场。

委内瑞拉成为世界上第一个将数字货币定位为法定货币的国家后，通过发行预售有国家主权背书的“石油币（Petro）”，首日就募得七亿美元。这也是“石油币”发行的目的，即通过数字市场炒作，进一步提升“石油币”在市场内的价格，从而缓解目前国内困难的经济状况。

三、中国银行的三点建议

中国银行发布的《2018二季度全球经济金融展望报告》中明确指出，虽然数字货币作为新兴事物，监管措施尚无先例可遵，但随着各个国家对数字货币的深入研究与监管的逐步完善，数字货币凭借其独特的技术优势也将会迎来新的良性发展。

中国银行对我国数字货币的宏观监管提出了三点建议，具体如下：

（1）加强数字货币交易的法律建设，明确数字货币的立法层面的本质属性。

（2）充分发挥全球的政策协调作用，通过对数字货币的深入技术研究与政策标准制定，帮助构建统一的数字货币监控标准与框架，从而实现全球数字货币的规范化发展，整治数字货币市场的炒作与违法行为。

（3）积极参与数字货币的全球治理。

我们可从建议中看出，数字货币交易已经引起政府、机构的足够重视，未来的数字货币交易市场会走向合法化、规范化、标准化。

第五节　零售业态度

一、数字货币改变零售业格局

数字货币的发展不仅局限于当前的市值与市场交易量，更为投资者与业内人士看重的是未来的发展与技术潜力，数字货币发展的背后是全域产业以及区块链的背书。从 2017 年 7 月 1 日起，比特币在澳大利亚被认可为官方货币，数字货币的发展也随着部分国家与平台的大力推动而势不可挡。

数字货币时代已经到来，那么传统行业对此金融变革持什么态度呢？数字货币的发展对零售业又带来哪些影响？下面，我们从具有代表性零售商的应对举措可以略窥一二。

在欧洲，零售电商巨头 Alza 已开始筹划让比特币作为支付方式之一，并且在线下也预备安装比特币 ATM，除了比特币之外，Alza 还会继续支持 ETH 和莱特币等数字货币。

区块链、智能合约以及数字货币不仅对金融市场产生巨大影响，也对零售业以及未来商业产生重要变革。另一零售商巨头安永（EY）也正式加入比特币协会，并且提供线上线下支持。

此外，全球支付平台 Payza 也开始推广比特币服务，即比特币可以直接兑换法定货币并使用。这也大大促进了数字货币在零售业的发展。除了美日以及欧洲等发达国家外，国际市场上的一些中小国家也纷纷出台比特币等数字货币的相关政策。

例如在智利，其最大的证券交易所大力实施与推进区块链技术，力图运用区块链更好地解决证券借贷。在乌克兰，比特币和达世币的线下覆盖率高达 80%，并在零售行业大力推广与支持数字货币的使用。

数字货币对零售业的影响与变革最重要的方面在于零售支付。由于不少国家与支付平台纷纷将数字货币与法定货币之间的流通给予政策支持，例如很多企业接受以比特币作为消费的付款方式。不少消费者与投资者都在寻找利用数字货币消费的机会与途径。

数字货币在消费支付领域的使用率不断上升，可以看到自大型在线零售商 Overstock.com 于 2014 年推出了比特币支付服务以来，比特币在消费领域的扩张时代已然到来。不少零售商与知名品牌也纷纷加入比特币等数字货币支付的行列，从预定餐厅到购买汽车，似乎比特币可以在任何一个消费领域通行无阻。

二、数字货币在零售业的未来发展

数字货币的快速发展，必然影响到了传统的零售行业。许多的大型零售商例如亚马逊、赛百味、微软等都开始引进数字货币与区块链技术。

在线下，比特币的“ATM”机顺利落地并加快普及，这个举措在一定程度上能更加迅速地提高法定货币与比特币之间的兑换速度和效率，从而适应数字货币越来越快的发展趋势。

接受数字货币支付与采用区块链技术对于零售商来说很有益处。

首先，使用数字货币由于直接网上结算且没有中转费用，可以提高支付的效率并且吸引顾客，提高零售商的利润率。

其次，使用数字货币的人群与潜在消费者众多，商家使用数字货币结算更加有利于消费市场的扩大。

最后，由于数字货币自身独特的算法安全性较高，消费者的个人支付信息也能得到有效保护。

相信未来数字货币的发展将会与现有支付系统相结合，带来零售行业发展的更大动力。

第七章

区块链的应用

区块链是一项非常有发展前景的新兴技术。那么，它能应用在哪些场景呢？当我们从互联网时代走进区块链时代的时候，我们有必要弄清楚，区块链将会被广泛应用于何处。只有这样，我们才能更加紧密和更好地使用区块链技术。

第一节　区块链与物联网

一、物联网与区块链的关系

物联网即“The Internet of things”，也就是通过互联网实现任何物体与物体之间的物物相连，用户之间的联系不仅仅是虚拟数字和字节，而且延伸和扩展到物品与物品之间，从而进行更加深层次的信息交换。物联网是现代信息技术发展的重要成果与组成部分，其基础仍然是互联网。例如，通过物联网，医生可以远程观察与治疗病人的病情等。而随着拥有互联网设备的人群越来越多，物联网的发展对于资源的有效利用具有重要意义，通过互联网可以最大范围地将人们之间连接起来。

当前物联网的发展基础，是中心化的代理通信或服务器——用户端模式，并通过云服务器验证连接，云服务器可以运行并存储大量数据，设备与设备之间通过互联网有效连接。

但随着互联网设备的几何倍数增长，以及市场对物联网的要求不断提高，大量的通信信息物联网的维护与解决方案相对昂贵。如果只由一个中心化数据中心来处理这些海量信息，在周期成本上存在着大量缺陷。

如何处理这些问题呢？物联网的好搭档——区块链出现以后，可以有效缓解这一局面。

区块链如何解决物联网的海量信息处理问题？这主要应从以下两个方面入手。

首先，在解决安全隐患、保护用户隐私方面，由于物联网主要是通过中央服务器来进行数据和信号的监测，并且中心与网络节点数量庞杂，极易被不法分子与黑客攻击，并且很难通过技术手段对数以亿计的网络信息进行排查，这将直接导致用户的财产损失与增加安全风险。故物联网目前尚未全面覆盖。

对此，区块链则可以有效缓解物联网的安全风险问题。由于物联网的安全风险问题最主要的原因，在于所有的信息都需要通过中心网络来处理，设备之间缺少联通与信任机制，物联网一旦数据库受到威胁则会面临崩溃的风险。但区块链则由于分布式的网络体系，可以让设备之间互联互通，即便某一个分布被黑客攻击也不会影响整个网络的数据稳定与安全。

其次，在降低运营成本与费用方面，由于物联网需要通过中心服务器来处理数以亿计的节点和数据，这对中心服务器的数据处理能力要求巨大，并且也需要花费很大的成本来维护与储存这些海量数据，运营成本非常高。此外，与物联网相连的线下设备也需要进行一定频率上的更换与维修，这也是成本压力的一部分。

对此，区块链可以有效解决物联网的这些难题。区块链技术主要以点对点直接互联来进行数据传输，分布式计算可以高效率地进行大量的数据计算与存储，独立的网络节点还可以进行自我维护与调节，这对于设备定时维护与信息更新也大有裨益。综合以上，区块链能够有效降低物联网的成本费用。

二、物联网与区块链的应用

区块链与物联网之间联系紧密，二者相辅相成。那么在实践中，是否有物联网与区块链的应用相结合的实例呢？

事实上，很多不同类型的公司，都在积极探索物联网与区块链的市场化运用，并寻找可行的解决方案。我们以下介绍几家典型的代表企业：

1. IBM

IBM 公司在全球范围内应该是最早涉及区块链研究开发的公司之一，并与多个不同类型的组织机构建立了区块链研究的合作伙伴关系。

IBM 曾在一份公司研究报告中称，区块链与物联网是目前网络世界的最好结合，而区块链也是物联网发展与前进的最好方案。

2015 年 1 月，IBM 公司就宣布启动了一个利用 P2P 的 ADEPT，即自治分散对等网络遥测研究项目，ADEPT 平台主要由以太坊、Telehash 和 BitTorrent 三个部分组成。

随后，IBM公司与三星就物联网系统的未来发展开发了以ADEPT为基础的概念系统平台，这个系统平台是期望能够开发一个可以实现自动更新、自动检测的中央设备，从而可以链接附近的设备以实现智能更新。

2. Ken Code - e plug

Ken Code公司也将区块链的技术应用到了实践与产品之中，即ePlug。ePlug事实上是一个设置在电源插座与开关中小微型电路板。在这个电路板中设置了可以分布式计算的Meshnet，从而可以实现端口的数据加密与无线连接，这个产品能够与定时器、USB接口、传感器等连通。

由于使用了区块链技术，产品的安全性能得到了很好的保障，只要输入正确的地址与口令，就可以通过身份验证，登录并连接设备。

3. Filament

成立于2012年的Filament公司利用区块链技术推出了传感器设备产品，由于使用了以区块链为基础的堆栈操作，Filament公司的传感器设备可以在10英里范围内与TAP设备连通，并快速地设置与部署一个安全的全范围无线网。此外，传感器还可以便捷地与手机、电脑等移动电子设备连接，保证网络与支付行为的安全性。区块链技术可以使Filament公司的独立性更高，并且确保交易的安全。由于创新性地采用了区块链技术，Filament公司获得了很多来自Bullpen Capital、Samsung Ventures等公司的投资与资金支持。

4. Tilepay

Tilepay中文名翻译为物付宝，是一个物联网的微支付平台，并以区块链技术为基础为物联网提供支付的应用设备。Tilepay 实质上是一个以比特币和区块链为基础的去中心化支付系统，它可以被下载到任意一个移动电子设备上。一旦安装了这个应用，则与此相连接的物联网就会有其独一无二的口令，通过区块链技术来接收发送，有很强的安全性保障。在未来，Tilepay 还会建立一个以物联网为基础的数据交易市场，通过这个市场可以让客户选择与购买物联网中的任意设备与数据，并且 P2P 的方式能够强有力地保障支付的安全性。

综上所述，物联网与区块链的实际应用，未来二者的发展前景一定是非常乐观的。物联网与区块链技术可以让几乎所有的电子设备自动启动与协作，这为物联网与大部分行业的发展进步带来了很多可能。

三、“区块链 + 物联网”：开放式底层生态平台

在物联网生态中，目前还有很多底层的问题没有得到技术上的有效解决。区块链技术使物联网的发展有了动力，“万物互联”成为了可以实现的未来。

目前物联网面临最大的问题，就在于其封闭性与割裂性，广义上的物联网与局域物联网之间不能发生联系与交互，而这对于扩大物联网的范围与深度来说是一个阻碍。尤其是对于以局域网和私有化网络为基础的工业体系，数据的一致性要求较高，这对物联网的应用是一大挑战。

区块链技术的诞生让物联网的挑战得以缓解，区块链最大的特点是去中心化，并且能够保证数据的一致性与安全性。由于区块链采用的是分布

式数据库，去中心化特征明显，信息的处理与发布不再依赖一个中心或机构，从而可以实现数据的实时更新与安全性。所以，很多专家以及业内人士都认为区块链发展的最佳应用场景就是物联网。

然而，区块链的实践应用与发展，还需要解决物联网很多尚待解决的底层问题，如果要成为物联网行业的主流基础设施还有很多技术痛点需要攻克。例如，区块链技术目前发展还不充分，技术门槛与风险均相对较高，从而应用成本也相对较高。

此外，扩展性问题也没有有效解决的方法。所以在物联网的实际应用时，还是不能与真实世界和硬件设备发生连通与兼容，交互的问题仍然存在。

Ruff公司意图通过物联网与区块链的连通架构，实现行业的规范化发展。

Ruff期望通过创设一个具有分布式操作与开放式主链的操作系统，从而可以把线上的网络与机制延伸到线下，实现与线下设备的交互。兼容通用的操作系统使市面上大部分的硬件与通信设施拥有一个统一的接口，这样物联网的发展将会更加得标准化。

物联网行业可以朝两个方向发展，一个是硬件发展，即把零散硬件集成形成新的产品与技术；另一个则是应用开发，即面对市场与客户需求编写软件程序。如果能实现统一的编程接口，那么物联网行业的发展就会更加规范与畅通。

1. 打造完全去中心化，探索公有链未来

公有链最大的特点就是“去中心化”，而其最典型的例证就是大众所熟知的比特币。

比特币通过公有链的技术与应用可以让全世界任何人在任何地点与时间进入设定系统读取与写入数据，从而进行交易并记账的区块链，在这个过程中由于没有人或机构可以中途改写程序与数据，故而具有非常高的安全性。

公有链与私有链是相对应的一种概念，私有链聚焦在局域和区域网络上，不能与其他网络进行连通与交互。而公有链的目标则是期望能够让所有人轻松访问局域网，访问者可以看到网络上的所有信息与交易记录，并且用户的信息只能自己处理，其他人无权干涉。这样，公共性的开放也能保障其安全运行。

公有链访问门槛低、数据公开透明以及安全性较高的特点赢得了广泛的支持。而对于区块链的发展，公有链也是重要一环。公有链可以大大提高区块链的安全性与有效性，例如添加时间戳从而可以保存数字协议或智能合约可以用来进行商业条款的执行等。

2. 完善的技术架构与积累，推动区块链技术发展

目前，在市场上众多的区块链项目，能真正将区块链落实并应用的公司还是少数。巴比特、根源链和 Ruff Chain 等先行者将区块链的市场化与应用化大大推进，Ruff Chain 将区块链与物联网的结合更是让整个行业实现跨越式发展。

Ruff 公司成立于 2014 年，短时间内能实现区块链技术与物联网更好地结合，与其人才发展密切相关。由于其开放的人才平台，Ruff 公司在 2017 年 12 月就已有全球 13521 名工程师成功注册，并且大多数工程师都购买了公司的产品并撰写代码数据。

此外，公司内部也拥有很多高素质的行业内精英人才，拥有的技术、业务积累和人才团队都是其他公司无可比拟的。由于实现了完善的技术架构和积累，Ruff公司利用边缘计算替代常用的嵌入式操作，实现了目前应用最广的物联网操作系统。

在未来，Ruff还会在公有链的基础上开发私有链产品与系统，实现以极其安全的方式保存交易信息。

第二节 智能合约

一、什么是智能合约

随着区块链与物联网越来越受到市场和业内人士的关注，智能合约也逐渐走进大众的视野。

目前，智能合约的准确定义还并不明晰，比特币核心开发人员 Peter Todd 曾说“目前没有人清楚智能合约到底是什么，实施它的前提是我们需要一个预言机”。在这里，我们通过对智能合约的解析与阐述，期望能将智能合约的相关概念与理论系统化，使读者明白其内涵与定义。

智能合约（smart contract）的概念最早于法律学者尼克·萨博（Nick Szabo）在 1995 年提出，他认为智能合约是“一套以数字形式定义的承诺

（promises），合约参与方要执行承诺好的协议”。

在这个定义中，“承诺”一般指的是接受和同意相互权利与义务的合约参与方遵守规定与协议。智能合约基本以数字形式出现，“数字形式”表示的是合约要以计算机可读的代码形式呈现，合约双方达成的协同与建立的权利、义务由计算机和网络执行。执行的步骤一般为以下三点：

首先，合约双方达成一致协定。智能合约的达成取决于参与方在合约宿主平台上安装数字合约，当双方达成一致意见并在平台上确认，智能合约就达成协定了。

其次，合约执行。一般而言，数字合约的执行通过技术手段来实施，执行也就是完成合约上双方规定的权利和内容。

最后，计算机读取可读代码。通过计算机的可读代码，智能合约中的条款以“数字形式”呈现，最后智能合约的达成也要依靠合约结果与实施情况是否完成。“协议”，一般指的是技术实现（technical implementation），表示合约承诺的实现情况及其相关记录。例如在进行数字交易时，双方选择用比特币来进行支付，那么协议就会是以比特币为脚本语言和数字形式的比特币协议，在这个基础上来完成智能合约的实施。

二、智能合约的实践

“智能合约”的概念早在1995年就已被提出，但从这一概念提出后的二十多年间，智能合约的发展一直停滞不前。尤其是智能合约的实际运用与实践一直严重地落后于理论研究，这个理念转变为现实还存在许多困难。

但随着区块链技术与物联网的快速发展，数字技术正在将智能合约的理念转化为现实。

“智能合约之父”——尼克·萨博在其理论中提到的协议正在被开发，有的甚至已经以数字货币比如比特币的形式出现。也正是在智能合约的构想进一步实现的同时，由于数字货币是智能合约实现的基础，真正的数字货币——比特币就此诞生了。

在智能合约相关的技术领域中，有一个概念目前还未能真正实现运用，即“智能财产”。

现在，我们正在进入一个“万物互联”的时代，计算机和网络无处不在，现在不仅仅只是网络上的畅通无阻，更要追求物理实体与互联网之间的连通，能够自动在互联网中检索并发送信息，并且能够通过软件与公有链实现自动控制。

有专业人士指出，“智能合约的一个基本理念就是让合约条款能够嵌入到硬件和软件中。”例如，较为简单并且实现的嵌入式合约例证有自动贩卖机、银行的 ATM 机以及用于转移和清算的 FedWire、电子数据交换等，纯数字与网络形式的嵌入式合约例如音乐或电子书的数字版权等。这些都是“智能合约”实现的一些应用理念，在这个意义上，智能合约其实也就是虚拟世界与现实世界之间的沟通桥梁与通道。

三、智能合约与法律

从字面意义上看，智能合约与法律约束和条款之间似乎有某种联系，会让人们产生某种疑惑。其实，从这个角度来看，智能合约也可以是在其他因素（X）基础上的具有法律约束力的数字协定，其中，这个因素X可以让协定变得“智能”。

智能合约的实现与达成实质上也要在法律的框架内，所有的经济交易包括网络数字货币或智能合约都要被法律管理和控制。智能合约与法律的关系如图6所示：

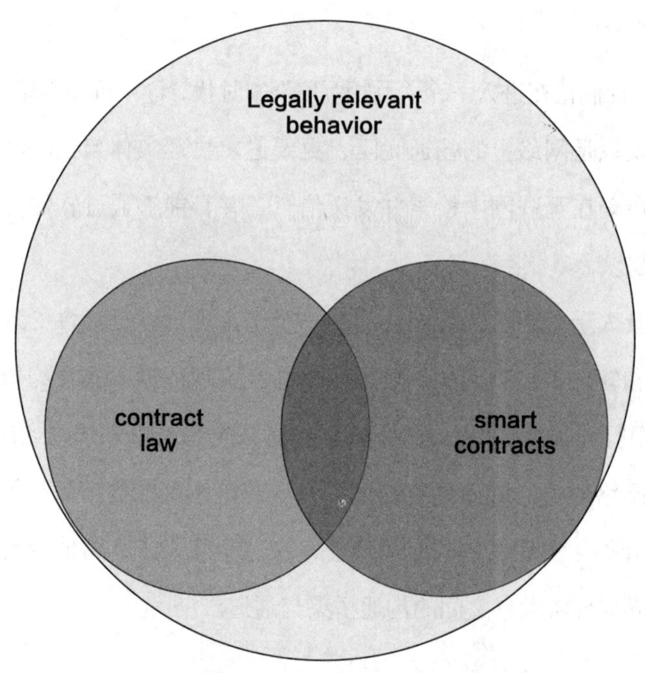

Legally relevant behavior：与法律相关的行为；contract law：合约法；smart contracts：智能合约

图6　智能合约与法律的关系图

尼克·萨博认为“合约”是一套达成共识的协定，是一种能够让个人、机构和他们拥有的东西（财产）之间形成关系的一种公认的工具。以下是比较通用的合约模型：

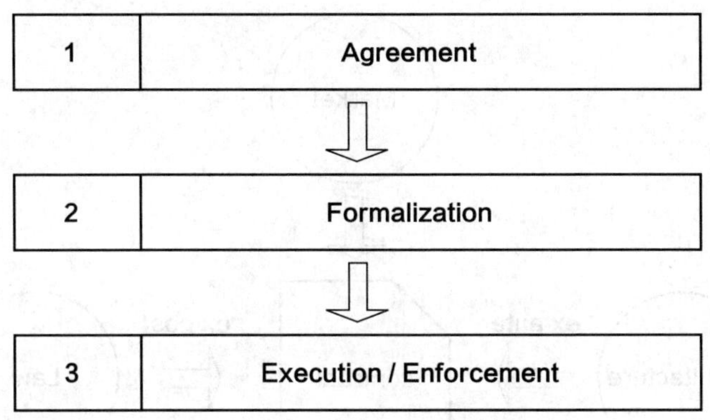

Agreement：协定；Formalization：形式化；Execution/Enforcement：执行

图 7　通用的智能合约模型图

在这个合约模型中，包含了协定、形式化与执行这三个要素，其中，形式化在此处的意思指的是实施事前协定的行为。

在下图中，表示的是合约会受到来自市场、架构、法律与常规这四个因素的约束与影响，其中架构与法律是合约被执行与实施的最根本动力与途径，即合约是通过法律系统执行还是架构系统执行，二者的执行效果有明显不同。

在这里，架构指的是虚拟网络世界中的代码，就像物理世界中的原子、分子一样，是最基础的组织材料。在智能合约的概念里，代码就是其架构与基础。在智能合约中，法律和架构都会对合约参与方进行约束与管理。

智能合约的制定与实施都要在法律的框架内，而架构则是智能合约实现的基础与条件。

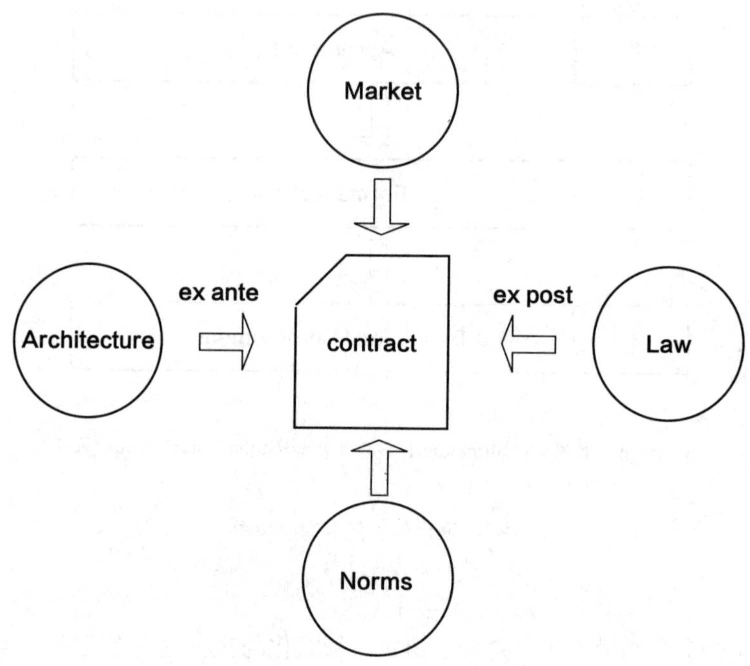

Market：市场；contract：合同、契约；Norms：惯例、常规；Architecture：架构；law：法律；ex ante：事前；ex post：事后

图 8　市场、架构、法律与常规因素对智能合约的约束和影响示意图

数字革命正在剧烈地改变我们能够拥有的各种关系。毋庸置疑，智能合约已经在全球经济中发挥着越来越重要的作用，已成为数字货币与数字市场交易的基本构建。

有了智能合约，任何人都可以在较低的成本条件下通过它链入市场经济之中，并且由于采用了区块链与物联网技术而具有很高的安全性保障。智能合约事前执行的特点也为交易带来了更高的效率。

四、智能合约与区块链的关系

尼克·萨博是最早提出智能合约的学者，然而由于没有可以实现智能合约的编程与数字技术，智能合约自提出之后，其实际应用与发展一直进展缓慢，直到区块链技术的出现与普及。智能合约并不是简单的计算机执行程序，传统技术除了满足自动执行的特点之外不能实现区块链的特性。

首先，去中心化的区块链技术不仅可以进行对合约的编程，较高的安全性还可以保证其不被篡改并且可以追踪，数据永远无法删除与修改，这就在一定程度上降低了其欺诈风险。其次，区块链由于去中心化，这让智能合约避免了受中心化的影响。区块链的发展与智能合约的要求不谋而合。

目前，区块链的发展已经跨越了 1.0 时代，即解决了货币和支付手段的去中心化难题。在未来，区块链要解决的目标是对整个宏观市场去中心化，让其他不同的数字货币也能加入到数字交易之中。此外，区块链技术的去中心化账本功能可以被用来创建与确认不同类型的智能合约，几乎市场上所有类型的金融交易（例如股票、债券和其他金融衍生品等）都可以实现兼容。

而基于区块链技术的智能合约不仅可以实现效率的提升与成本的降低，

也能够保证合约的安全性。因为区块链的技术要求就是存储、读取、执行必须公开透明，不能够进行篡改。基于区块链的智能合约大致有以下几个部分，即事务处理机制、保存机制和完备的状态机。状态机用于处理和接收智能合约，保存和执行等操作都是基于区块链完成。

在智能合约中，事务一般指的是发送的数据，而事件则是关于数据的描述。当事务和事件信息写入后，合约的状态会及时更新，进而状态机会判断是否执行，如果满足执行条件则根据预先设定的信息实现智能合约的自动执行。所以，智能合约的核心就在于事务和事件的处理以及判断。

实质上，智能合约就是一个事务处理模块和状态机构成的系统，它的目标就是让数字化承诺按照预先设定的机制实现正确的执行。

基于区块链技术上的智能合约，大致有以下几点执行步骤。首先，双方或多方用户参与并制定智能合约；其次，通过 P2P 网络连接区块链系统；最后，在区块链的基础上实现智能合约的自动化执行。对于第一个步骤来说，用户首先要加入区块链，区块链会给注册用户一个公钥和私钥，公钥可以创建账户并保存信息，私钥是用户操作的唯一钥匙。

在加入区块链之后，双方或多方用户根据事前商议的需要协定承诺，并以数字形式和编程代码呈现。在签名此份智能合约后，合约内容也会同时上传到区块链之中。对于第二个步骤来说，智能合约通过 P2P 网络快速在区块链局域网中扩散，其中的每一个验证节点会接收并保存。经过验证节点的多轮的发送和比较，在规定时间内会就最新的合约达成一致，如图 9 所示。

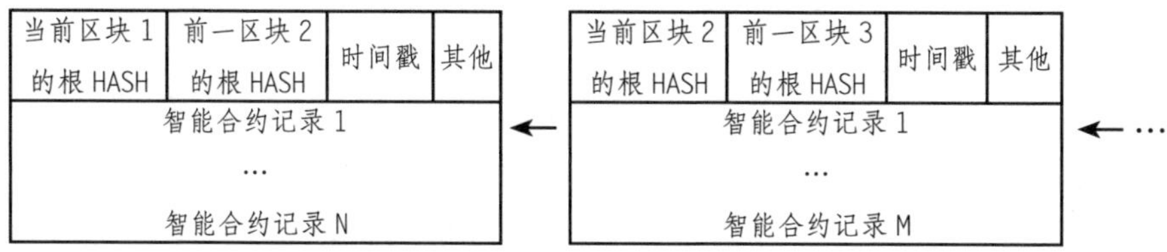

图 9　合约区块链示意图

对于第三个步骤来说，智能合约会根据自动机的状态，判断合约内的状态机、事务与事件以及触发条件，对于判断可以出发的事务会进入到验证节点中，当大部分验证节点达成共识后，事务会被成功执行并通知用户。

智能合约要采用区块链技术，最大的目标就是解决其信任问题。由于智能合约全部都是以数字代码的形式呈现，并通过网络进行传输，在这个过程中会很容易被黑客进行攻击与篡改，安全性得不到保障。而区块链则可以让智能合约的安全性大大升级，由于区块链技术的不可篡改与去中心化的特点，用户不用担心智能合约会被修改或者不执行。由此可见，基于区块链的智能合约的优势与未来前景是非常明朗的。

第三节 私有链

一、私有链的概念

区块链可以分为“联盟链”（Consortiumblockchain）、“私有链”（Privateblockchain）、“公有链”（Publicblockchain）三类。下面我们主要介绍私有链，这是可以对单独的个人或实体开放的区块技术。

要搞清楚私有链，首先要弄清楚什么是联盟链、公有链、私有链。顾名思义，公有链突出在“公有”上，即对所有人开放，任何人都可以参与；联盟链可以对特定的组织团体开放；而私有链只对单独的个人或实体开放。这是三者的最大区别。

1. 区块链公有链

区块链公有链具有访问门槛低，可以保护用户免受开发者的影响，所有数据默认公开等特点。在数字交易中，交易的读取，交易的发送，共识过程的参与都是公众化的，全员可参与的，这种区块链是区块链公有链。在公有链中，使用他们开发程序的用户可以得到保护，因为程序开发者无权干涉用户。所以，公有链是“完全去中心化”的。

区块链公有链的始祖是比特币区块链，在应用中，区块链公有链还包括超级账本、以太坊、大多数山寨币以及智能合约。应用最多的是以太坊，这是一个全新开放的去中心化区块链平台，它允许任何人在平台中建立和使用，目前，大多数以太坊项目都依靠以太坊作为公有链。以太坊允许用户自由创建任务并进行操作，是可编程的区块链。而其他的公有链并不具有这种优势，这种点与点之间自动的直接的或者交互式的规则，尤其适合跨网络促进小组协调活动的应用。不仅局限于金融类应用，任何对信任、安全和持久性要求较高的应用场景都可以使用公有链交易。

我们从公有链的特点去进一步认识这一重要技术，公有链的特点可以归纳为三点：

（1）在公有链中程序开发者无权干涉用户，可以免受开发者的影响。这是保护用户的重要技术手段。

（2）任何拥有足够技术能力的人都可以访问，访问门槛低，具体来说，只要有一台能够联网的计算机就满足访问的条件。

（3）虽然所有参与者真实身份未知，但所有数据是默认公开的。

2. 区块链私有链

从众多专家的研究分析看，专家们普遍认为区块链私有链是“部分去中心化”的区块技术，参与节点的资格会被严格限制。同时，私有链具有金融行业必需的身份认证的要求。这种部分去中心化的特征，还能够防止机构内单节点篡改数据或者故意隐瞒等活动的发生，在发生错误的时候，能够迅速发现来源。

一般是企业的内部才会应用私有链，比如企业内部的数据库管理、审计等工作；私有链还有部分应用在政府行业中，比如政府进行预算和执行工作的时候，特别是政府在进行统计行业数据的时候，一般来说需要由政府登记，公众对政府行为进行监督。私有链的价值是明显的、重要的，具有传统的系统中很难具备的功能，比如可以通过提供自动执行、可追溯、不可篡改、安全的运算平台，可以同时防范来自内部和外部对数据的安全攻击。

私有链具有以下优势和特点：

（1）交易速度非常快，因为节点都具有很高的信任度，并不需要每个节点来验证，所以这种速度比任何其他的区块链都快，甚至接近常规数据库的速度。

（2）隐私更好，区块链上的数据隐私政策保障了数据不会公开地被拥有网络连接的任何人获得。

（3）私有链上可以进行完全免费或者至少说是非常廉价的交易。这对于处理所有交易的实体机构来说，会省掉很大一部分费用。

（4）区块链联盟链。若干个机构共同参与管理的区块链称为区块链联盟链，本质上联盟链属于私有链，只是私有化程度不同，私有链和联盟链的隐私权限不同，后者更加复杂，表现在联盟链中运行着一个或多个节点，并且交易数据是严格记录的，只允许系统内不同的机构进行数据的读写和发送。

区块链联盟链可以低成本地运行，维护成本也较低，并且可以高速交易且有很好的扩展性。适用于B2B的结算或清算场景，或者机构间的交易。例如，在多家银行就可以采用联盟链的形式进行支付、结算、清算，其原理是将各家银行的网关节点作为记账节点，当网络上有超过2/3的节点确认一个区块，该区块记录的交易将得到全网确认。金融集团更倾向于使用联盟链。例如，R3区块链联盟至今已吸引了50家巨头银行的参与，其中包括富国银行、美国银行、纽约梅隆银行、花旗银行等各大国际金融巨头，中国平安银行也于2017年5月加入其中。

这三种链有各自的优势和劣势。在使用的过程中，需要用户根据不同的应用场景来选择适合的区块链类型。

二、私有链的发展趋势

目前，私有链交易的发展趋势也非常迅速。例如，ATB Financial是加拿大最大的银行之一，在2016年7月14日就宣布已经成功利用了SAP和Ripple公司的私有链技术，将SAP的云平台与支付引擎应用到自身银行系统的区块链网络中，1000加元发送给德国仅仅需要20秒，而这样的支付一般需要6个工作日来完成。

著名咨询公司麦肯锡认为，银行系统非常适合采用基于区块链的点对点支付方式。主要原因在于这种支付方法可以让银行实现全天候、实时化的支付，并且在最大程度上节约成本、提高效率。此外，基于区块链技术的支付也能够降低跨境的电商投资风险，据权威机构估计，全球范围内银行的区块链支付与B2B跨境支付可以让交易成本从26美元下降到15美元。在金融领域，区块链与私有链的发展与应用前景非常广阔。

目前，几乎所有的科技巨头或多或少地都采用了一体化模式，并将之应用到公司的服务上。一旦企业建立自己的私链，行业之间建立联盟链，企业之间的交流，金融往来将会非常简单。

但是实现的难度非常大，因为行业不同，需求也会有所不同。例如在金融行业，它既需要在各个企业之间建立信息互通机制，又要使企业的金融交易信息和数据得到有效的安全保障。那么一些具有安全风险和敏感性的信息就应该有效过滤，这时私有链与联盟链就具有很大作用。百度的金融区块链ABS使用的就是联盟链、将参与方的信息写到区块链的方式。由此，我们可以判断，区块链技术的发展路径应该是：在私有链和联盟链的技术基础上，通过行业之间的技术联合来解决区域问题和挑战。

第四节　分布式互联网协议

一、认识分布式协议 -RAFT

分布式协议 RAFT 有通俗易懂、更容易落地的优势，我们可以比较容易掌握这种协议的原理。

1. 分布式协议节点的状态

如图 10 所示，分布式协议的每个节点有三个状态，并在这三个状态之间进行变换。需要注意的是，分布式协议的客户端只能从节点里读数据，而在主节点写数据。

图 10　分布式协议节点的三种状态示意图

2. 分布式协议的主流程

如图 11 所示，分布式协议的主流程大致如下：在运行的时候，初始状态是从节点，如果等候超过 100–300MS 也没有来自主节点的信号，那么需要变更候选人。此时，每个节点给候选人发放选票，如果此候选人可以获得一半以上的节点的选票与支持，那么它就会成为新的主节点。

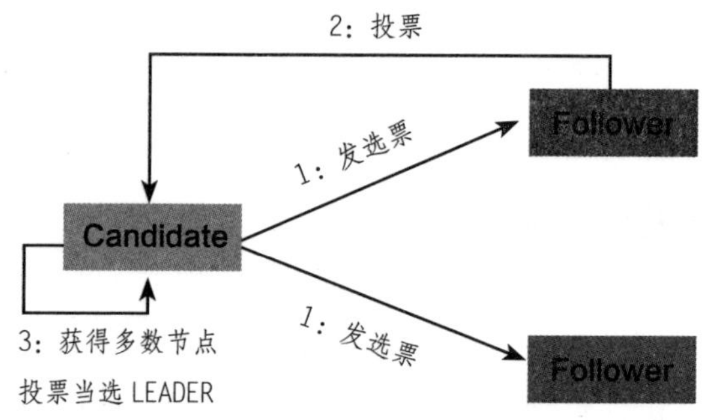

图 11　分布式协议的主流程示意图

3. 日志复制流程机制

如图 12 所示，RAFT 要求在流程中只要改变数据，必须要先记录日志，日志未提交不能改节点的数值。此后，主节点会复制数据给其他从节点，并在大多数节点写日志成功后再提交数据。

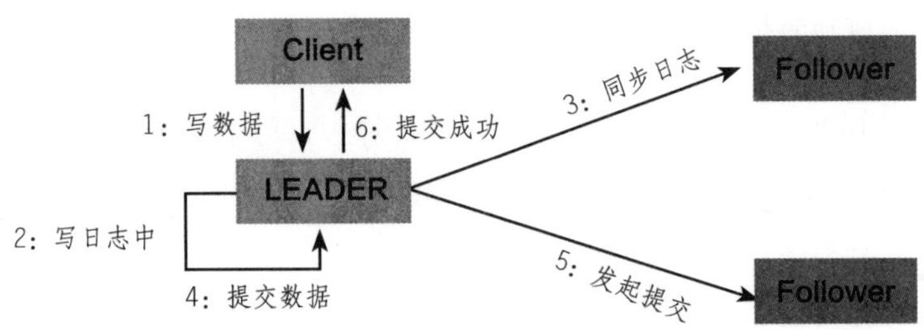

图 12　日志复制流程机制示意图

4. 选举超时机制

此协议有超时机制，以控制主节点选举不受时间影响，其原理如下图所示，每个节点随机等 150 到 300MS，如果超时就开始发选票，哪个节点等的时间短，就优先发选票，从而当选为主节点。如果两个候选人获得的票一样多，按惯常，就会进行“打加时赛”，重置并随机等 150 到 300MS 等候时间，然后发选票，直到获得最多票当选为主节点为止。

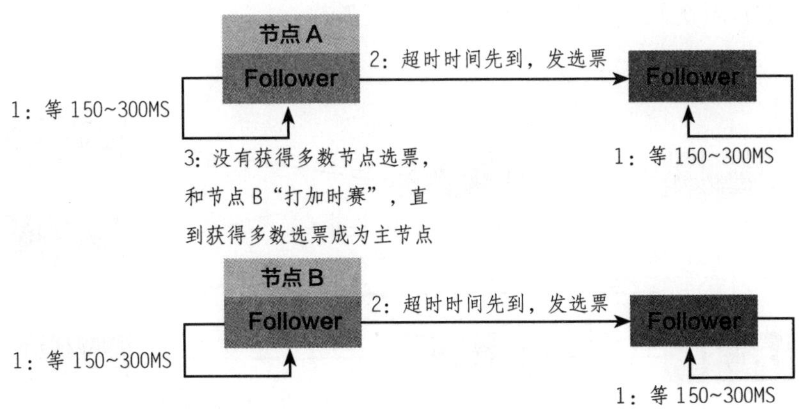

图 13　选举超时机制示意图

5. 心跳超时机制

如图 14 所示，此机制的原理是：在计算中，每个节点都会记录主节点是谁，并且和主节点之间维持一个心跳超时时间，如果没有收到主节点回复，就要重新选举候选人节点。

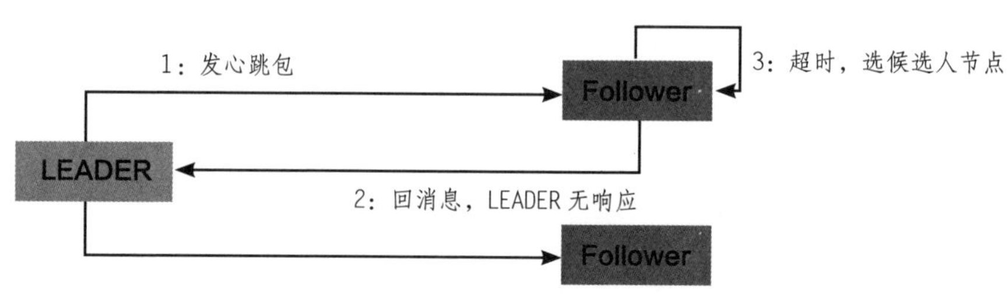

图 14　心跳超时机制示意图

6. 集群中断机制

如图 15 所示，如果集群之间的各个分部节点没有通讯途径与信息，主节点的日志就不能与从节点同步，节点无响应。

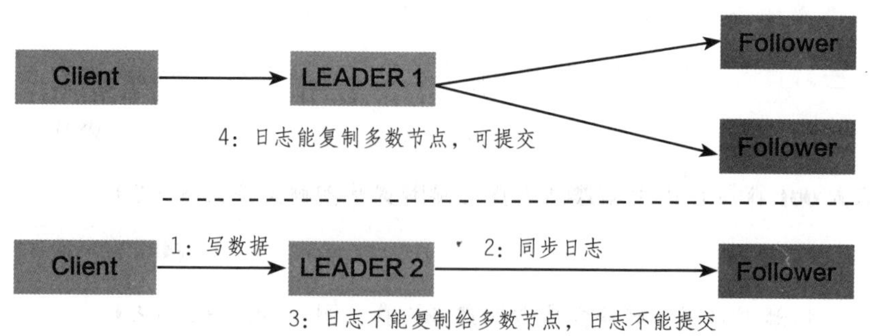

图 15　集群中断机制示意图

7. 集群恢复机制

如图 16 所示，如果集群在恢复后发现原来的主节点并没有得到最多的选票，那么这个主节点会顺位变为从节点，并且会停止更新日志，直到主节点将日志同步给从节点，实现数据的一致性。

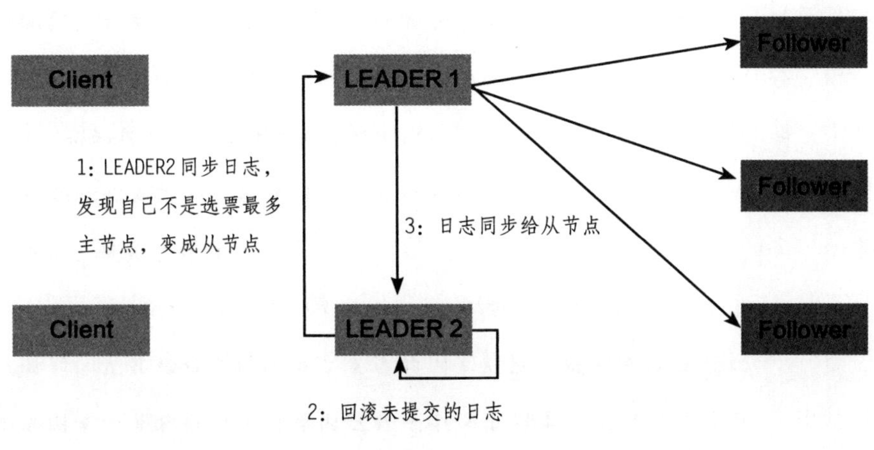

图 16　集群恢复机制示意图

二、Firefox59 启用分布式网络架构协议

2017 年，Mozilla 公司与美国国家科学基金会就分布式互联网技术的推广与应用设立了 200 万美元的基金，有力地促进了美国国内对分布式互联网技术的研究与开发。现在，这个项目已经取得了积极的成果，这家公司的 Firefox 59 正式版定于 2018 年 3 月份推出，其中包含对 Dat Project、

IPFS 以及 Secure Scuttlebutt 等新协议的支持。这也表明从 Firefox 59 的正式市场问世开始，用户将可以通过扩展来轻松访问“分布式互联网”，而 Mozilla 也在积极争取“客户端 - 服务器”的主导地位。

Firefox 支持的协议能在某种程度上改善互联网的基础设施，例如 IPFS、DatProject 等，一般通过 Web 和网络文件传输进行改善。在当前，虽然这是基于“客户端 - 服务器”的 Web 能够提供的功能。但是却与现有模型存在较大的区别，主要体现在加强了隐私和安全性，以及支持网络中立性的措施。除此之外，将面世的 Firefox 59 还提供了一个应用程序接口（API），这个应用程序接口可以隐藏界面的标签，并改进网络请求（webRequest）。

但是，协议实施者并不是 Mozilla，仅仅是 Firefox 浏览器将其认定为合法而已。Mozilla 自身依然坚信这是“一个健康的互联网的关键组成部分”，并且也于 2017 年 6 月设立 200 万美元作为分布式互联网奖金的一部分，以鼓励研发网络访问不安全社区的无线解决方案。此外，Mozilla 还捐赠了 27.5 万美元用来支持教育技术项目，推动互联网与数字创新。

三、Pallet 高阶分布式共享账本共治协议

我们再来看一种新的高阶分布式共享账本共治协议 Pallet，这种协议通过将合约与区块链分离，使跨链交易成为可能。和众多区块链采用的全网共识机制不同，Pallet 采用的是一份智能合约与多个合约参与者的结构，由于合约参与人数的增加，从而大大提升了智能合约的适用范围与可扩展性。

并且 Pallet 还运用了奖惩机制，将其应用在权益证明之中，这样可以在很大程度上减少交易过程中的欺诈风险，提高智能合约执行的安全性。

由于 Pallet 具有以上独特的优势，尤其是较高的安全性保障，故而其非常合适应用在去中心化的交易所中。交易所和交易机构也是因为七加一的安全性而备受传统投资者的信赖，故而采用 Pallet 智能合约，区块链技术可以让投资者非常安全地构建自己的交易中心，进行数字货币的交易。

此外，这种协议还可以保证分散式资产管理方式的实施，Pallet 拥有一个扩展性高且状态分离的合约执行环境，可以让不同的程序同时运营且不互相干扰，并且分散化的交易大大提高了效率，缩短了交易时间，从而降低了交易手续成本与费用。

Pallet 还是部署 ICO（首次代币发行）合约的绝佳平台。那么基于这些优势，我们可以确认，Pallet 智能合约还可以支持比特币、以太坊或其他不同类型的数字货币进行交易。

总结起来，Pallet 有以下特性：

1. 跨越在区块链上

Pallet 智能合约建立在区块链的最新数字技术基础之上，并把智能合约的状态与下方区块链分开，划分为两部分单独执行，即合约为协议中的陪审团成员验证而合约信息则由陪审团保存，这样大大地提高了其安全性。

2. 平行化

Pallet 智能合约的两部分内容是相辅相成并且各自独立，每个部分都有单独的陪审团进行验证与执行，平行化进行智能合约的运作。

3. 安全性

由于 Pallet 智能合约在共识协定中引入了权益的奖惩机制，这样大大震慑了交易中的欺诈行为，并且 Pallet 智能合约也会及时运用 LLVM 中的编译分析器和运行检查器来保证合约的正常执行与正确性。

4. 高效的合约编写

Pallet 智能合约的编写基础为 LLVM bitcodes，支持并兼容各种编程语言，大大提高了合约的数字转换效率与正确率，采用熟悉的前端语言可以实现高效的合约编写，从而降低交易成本。

第八章

空气币——资本与贪婪的狂欢

随着数字货币的被认同，许多投资者都把资金投向这里。但也有一部分投机分子因为贪婪，钻空子制造空气币，以此来混淆数字货币市场，以骗取网民的财富。那么，什么是空气币呢？它又会给持币者带来怎样的陷阱？

第一节　起底空气币

什么叫作空气币？

靠矿机挖出来的货币是有价值的，凭空发出来的即称之为空气币。

一、空气币的八大特征

比特币的神话一直在币圈流传，很多后知后觉的投资人都对这样的币种产生了浓厚的兴趣，而很多别有用心的人便借助投资人的这种心态制造了各种空气币，让投资人眼花缭乱。

那么，我们应该如何分辨这些空气币呢？仔细观察后你会发现，空气币有八个特征。只要识别了这八个特征，就能分辨出它是不是空气币。

（1）白皮书只讲区块链，不讲自己，全是大道理。

（2）发起人国人 + 老外的壳。

（3）注册地大都在指头大的国家。

（4）发起人有负面背景。

（5）发起人成员身份造假。

（6）上了交易平台一路走低直至归零。

（7）项目方工作地点不明。

（8）往往以某某基金会，资本名义。

有了这八个特征，大概就能确定它是不是空气币了。另外，空气币还有几个特点。认识了这几个特点，就能更进一步帮助我们甄别是不是空气币了。

二、空气币的六个特点

（1）有没有创新的技术特色，真正的数字货币有可免费试用多项专利的权限，这些专利是结合主流区块链的技术优点，可以进一步更新升级。

（2）有没有实体的开发团队，真正的数字货币背后有 100 人以上的技术团队支持。

（3）没有实际应用，真正的数字货币会有预定的应用场景。

（4）空气币的包装会很高端，它会杜撰出团队，有的还会说自己的币是国家项目，拥有什么专利技术之类的。

（5）加入空气币圈后，会有邀请信任加入即获得奖励的规定，这其实是传销的本质。

（6）空气币会表示定期分成。大家只要谨记一条：保证盈利的货币是不可能存在的，任何投资都是伴随着一定风险的。如果对技术没有研究则很难分辨出来是不是空气币，但是面对不靠谱的白皮书时请持谨慎观望的态度，因为一般白皮书不靠谱，则意味着货币也不会靠谱。

三、认清空气币的几大要点

为了让大家避免进入数字货币投资的雷区，下面我们将围绕空气币和如何避免买到空气币进行一下讨论。根据币圈专员的介绍，其实现在市面上 90% 都是纯空气币，在区块链技术的风口想要收割一部分不明所以的投资者，而要避免被当韭菜收割，就要从以下几个方面去认识空气币。

（1）运行团队。一个靠谱的团队研究出来的东西大都也是靠谱的，而如果他们团队的 CEO、CTO 是名不见经传的人物，团队人物也总共没有几个甚至拿一些卡通头像来充数，那么这样的币还是宁愿错过也不要投资的好。

（2）项目方。优质的投资方一般遵守着宁缺毋滥的原则，在挑选项目上还是非常谨慎的。所以如果币种的投资方越是口碑良好，则币种是空气币的概率就会越小。

（3）白皮书。一个好的白皮书不一定代表项目就百分之百好，但是一个不靠谱的白皮书则意味着币种在很大程度上是不靠谱的。

（4）交易所。和靠谱的投资方是差不多的道理，排名越是靠前的交易所越是可靠。

第二节　高科技郁金香球

一、暴富神话中血的教训

比特币的神话成就了很多人的一夜暴富，也促成了很多人的一无所有，但是在金钱的诱惑下，在很多投资者眼中只看到了轻而易举的赚钱方式，却忽略了暴富神话中坠入深渊的失利者。

针对投资者的这种“乱花渐欲迷人眼”的状态，很多私募、代投、海外ICO市场又在蠢蠢欲动，其中不乏想补充猎物的机构，我们要仔细鉴别才能避免被当成猎物猎杀。

笔者有一个朋友，前些天突然在微信上给笔者发信息，邀请笔者进一个微信群。笔者进去以后，便看到有人发送购买数字货币的截图。乍一看上去，这个数字货币很抢手，倘若晚了，就象抢不到手了一样。

紧接着，群里有人给笔者发送一段有着酥胸半露的美女视频，视频美女介绍将会给记者送上一份惊喜，随后的惊喜原来是推送来的号称会有30-50倍收益的代币认购链项目。

但笔者在其发来的官网链接页面上，却根本看不到开发团队、实际应用等数字货币该有的特点。这一点已经符合空气币的两个特点，再看群里工作人员那信誓旦旦的盈利保证和奖励规定，空气币的六个特点已经占了四个。因此，笔者确定，这就是一个空气币组织。

面对这种乱象，老鹰基金创始人、反空气币联盟的发起人刘小鹰说："很多人相信，炒币只是一场赌局，富贵在天。但他们没有意识到，这并不是场公正、公平、公开的游戏，这里有坑蒙拐骗的掮客，也有暗箱操作的庄家，更可怕的是真金白银换来的筹码有可能一文不值，仅仅是空气"。

事实上，在经过各大V平台、水军舆论轰炸、媒体宣传等轮番轰炸，以此吸引散户进行投资，而发行人等利益相关人员以极其低廉的价格买入，再投向二级市场炒高，最后实现高位变现，在整个产业链条中，套牢的只有高位的散户，发行人则赚得盘满钵满。

这时候难免有人提出疑问了，为什么这样的空气币会出现在交易平台上?

二、利益驱使下的乱象

答案不言而喻，自然是利益驱使。

"交易所会有自己的考量，但无疑上币费以及投票上币这种纯市场化的机制，会让一些风险较大的山寨币或者说空气币在市场中流通。”刘小鹰如是说。

在刘小鹰看来，其实很多优质的项目不一定要在交易平台上出现，因为钱都要花在刀刃上，反观那些无需技术的空气币会更愿意支付昂贵的上线费来达到收割韭菜的目的。而这不管是对投资者还是对踏实做事的团队来说都是一种讽刺。

针对空气币这种扰乱市场的行为，我们应该如何应对呢?

刘小鹰结合自己的经验成立了反空气币联盟。随着反空气币联盟组织的成立，越来越多的人加入了该组织。

该组织的使命就是：反欺诈、反操纵、反传销。

该组织不仅通过揭露空气币骗局、宣传数字货币知识的方法，加强对投资者的教育外，还联合了100多家知名的投资机构成立亚洲区块链项目评审委员会，旨在消除空气币对人们的不良影响，避免投资人受到更多的伤害，这将帮助投资者识别真正优质的区块链项目。

第三节 贪婪和财富

一、空气币只是泡沫

随着区块链技术的特色逐渐被人们所知晓，区块链技术也将席卷全球。目前，很多国家已经将区块链技术上升到了国家的战略高度，而世界500强企业也准备将区块链技术用于商业价值、产业规模、生态模式、重新定义用户关系等方面，这也意味着区块链将不再只是一场技术革新互联网风暴，它将成为一场颠覆全球各产业链的革命性技术。

在有众多区块链上市集团行业机构和海外顶级投资人参与的2018首届全球区块链高峰论坛（2018（First）Global Block Chain Summit Forum）4月29日在柬埔寨金边举办。会议中，中国天使投资第一人、蛮子基金创始人薛蛮子发表了主题演讲。

薛蛮子在演讲中表示，目前区块链的基础设施和供应链的运载速度较慢，所以能够承载的交易数量会受到限制。

“6 月份 EOS 要上线，全新的区块链 3.0 应用，希望它每秒钟达到的传输是 1000 到 8000，8000 就跟我们淘宝正常数量差不多了，应该很多应用就可以跑起来，我也非常期待通过 EOS 和更快速度的基础设施建设。区块链能够真正进入，除了简单的发一个币、炒一把，真正的影响是为每个人日常生活带来便利、带来更高效率，使我们人生体验更为丰富。最后所有技术一定是造福于人类，这是我们目前看到所有区块链从业者面临的最大的挑战，也是最大的机会。”薛蛮子如是说。

二、演讲全文

在此，我们有必要来看一下他的演讲全文：

大家好！我是今天来的投资者里头可能是岁数最大的。所以讲讲区块链的发展，我自己有幸从 1991 年就创立了一个公司，做小灵通的 UT 斯达康，经历了世界上第一个早期的互联网的上市。第一批中国互联网是跟我们 UT 同一天上市的新浪、搜狐、网易、亚信，只有我们五家，从互联网刚刚出现的时候，跟区块链一样，大概过了十年都没有人搭理这一个事，不知道为什么要打一个 WWW，大家觉得没有杀手级应用。真正互联网进入千家万户第一件事儿就是几个以色列小伙子做了一个东西，hotmail，后来被微软收购后，给了微软一个互联网门票。从此开始一个叫亚马逊的公司做了一个电影，这个时候变成世界最大的电子商务公司。网易成名之作就是163.com，也是中国当时最大的电子邮箱，电子邮箱通过一个杀手级应用给世界、中国带来巨大变化。从那个时候大家知道打一个WWW是方便我们生活。随后有了电子商务，才有了淘宝、阿里巴巴。移动互联网最开始也没有人用，最开始雷军投了一个UCWEB，用户体验并不好。真正移动互联网到来是微信的到来，中国有8亿用户，平均每个人都待2个小时以上，我待的时间和艾小姐都超过2钟头。所以在座一天超过2个钟头玩微信的举个手。Pony马要高兴死了。

我们区块链今天面临最大挑战是什么?

我们头十年发展，只有比特币在全世界有上千万级用户，而且这么多年到目前为止，比特币本身从来没有被黑过。这是一个唯一的杀手级应用。非常出现像邮箱、微信这样的。区块链面临主要的问题就是基础设施和我们供应链目前运载速度较慢，能够承载的交易数量也很有限，所以最近应该说三四个月以来，我们经历了一次熊市，这个熊市就是比特币从2万美元一不小心跌回6000、7000美元了。跌幅超过了60%。中国前些日子疯狂的ICO，大量当年出来的ICO，绝大多数ICO都跌了60%-70%，甚至90%，这就是熊市的现象。6月份EOS要上线，全新的区块链3.0应用，希望它每秒钟达到的传输是1000到8000，8000就跟我们淘宝的正常数量差不多了，应该很多应用就可以跑起来，我也非常期待通过EOS和更快速度的基础设施建设，区块链能够真正进入，除了简单的发一个币、炒一把，真正能影响每个人的日常生活，带来便利、带来更高效率，使我们人生体验更为丰富。最后所有技术一定是造福于人类，这是我们目前看到所有区块链从业者面临的最大的挑战，也是最大的机会。因为这件事儿，是一个全新的机会，大家都有机会能做一个碰见张小龙能够杀出一个微信，你们或许能杀出来在金融领域或者记账领域或者在我们想不到的社交、新的视频、直播都有无数的可以应用的场景，随着这些场景，只要有好的应用，应该说用户体验好的这样的东西，这样它的用户体验、机会就好得多。

所以我们今天大老远跑到这儿，主要原因是看到了全世界很多国家，尤其相对来说不那么发达的国家对区块链的态度往往比发达国家还要积极。主要原因这是一个弯道超车的机会。从政府角度对区块链最积极的是日本政府，日本上次移动互联网完全没有赶上这班车，它也非常希望通过这个机会弯道超车，所以日本、韩国，以太坊和EOS用户是全世界首屈一指的。同时东南亚，越南也好、缅甸也好、泰国也好、柬埔寨也好，它的人均GDP比西方先进国家低很多，但是同时对区块链的热情很高，这些地区都先后建立了自己的数字货币交易所，这也是一个弯道超车的机会。确实随着技术的发展，你在大洋彼岸出现的事儿，一秒钟全世界都知道了。只要有一个手机，所有信息都是透明的，我们也希望看到尤其是相对不发达国家能很迅速通过这个可以解决互联网支付、解决生活中很多重要的问题。所以我看到很多发展中国家对区块链非常热情，因为它们看到的是一个弯道超车的机会。对我们创业者来说，玩这个事儿，从1991年回到中国创业，到现在好几十年了，什么上上下下都看过，目前我看到的就是我认为今天的区块链创业者可能面临一个洗牌，不是一个简单地把一个币发完了，说我是某某场景。我觉得他必须是带来一个跟用户真正的结合和落地，如果不能落地，最后一定归于被淘汰，变成空气币。

而今天在信息高度透明的时代，空气币注定不会长久，一旦泡沫崩溃之后，这些气球再也不会吹起来。就像我们在2000年、2001年当时1000多家纳斯达克互联网公司，泡沫破灭的时候，尽管当时都是十亿美元独角兽，一旦垮下来，再也没有回去。下一代新的公司，可以预见一定是有落地实际场景、有独创的、有自己专利IP的企业才能有真正生命力。

所以大家到这儿来，我给大家泼点冷水，非理性野蛮生长的区块链时代已经过去了，今天的时代是一个理性、健康发展的时代，尽管泡沫底下往往是啤酒，但是并不是每个吸泡沫的人都能喝到啤酒。

第四节 数字货币 ICO

一、ICO：金融市场的担忧

提起数字货币、区块链技术已经不陌生了，随着区块链技术的普及，ICO 开始进入人们眼帘。ICO 全称为 Initial Coin Offering，即以初始数字货币回报给用户的一种筹措资金方式。ICO 和 IPO 的不同之处在于，ICO 是数字货币，而 IPO 是证券。

以比特币为首的数字货币的发行，最初的价格其实是极低的，2010 年时甚至有比特币玩家以 10000 枚比特币购买两个披萨的事情发生，而今日，10000 枚比特币的价值约为 3200 多万美元。

在比特币出现的初期，因其去中心化、加密又匿名等属性成为人们担忧其沦为洗钱工具。美国和新加坡的监管机构就在近期提出并强调，ICO投资者面临着欺诈和洗钱的风险。

一些企业开始发行数字货币 token，这些 token 可以在它们的平台上购买产品或者服务，也可以作为投资被存着。投资者们根据这些企业对其平台、软件或者产品的规划来选择购买 token，可以使用普通的货币，也可以使用比特币。

这是一个完全没有监管的过程，正因此，引起了金融市场对其被用来“洗钱”的担忧。

真正的数字货币玩家却表示这种担心完全多余，因为在区块链技术中每一笔交易的时间等信息都会被永久记录且不能够进行篡改，虽然可进行匿名，但是最后如果真正想追查源头也是顺手拈来的事情，这让洗钱活动变得有迹可循，会让那些真正想洗钱的人有所忌惮。

那么可能会面临的洗钱，到底是怎么操作的呢？

举个例子，投资者 A 加入 ICO 买了一定量的 token，在需要卖出时往往有两个平台可以选择，一个是可以进行追查的大平台，另一个是无迹可寻并且价格更低的灰色平台。在利益的驱使下 A 选择后者平台进行交易的可能性将会更大。

而这时遇到 B 这种手握大量黑钱的投资者对 A 的 token 进行购买，其平台代为保存，就此完成了黑钱洗白的步骤。而理论上如果对其进行追踪，虽然有数据记录在手，但是因为其发展的高速性可能会限制一部分信息不容易被轻易发现，这样监管起来就显得有些困难了。

二、保护和监管

很多业内人士认为要想避免洗钱和投资者被诈骗，引入监督是最必要的手段。但是，因为行业的特殊性，其监管手段不同于主流的监管手段。而对于监管，美国证券交易委员会则发布了一份美国联邦调查报告，称任何使用区块链技术或分布账册的企业的所有行为服务，都必须符合美国联邦证券法律。新加坡的监管机构也表示将开展对数字货币的监管。

对此咨询机构的资深专家 Kapron 认为，投资者加入 ICO 中时是伴随着一定的技术知识的，如果政府开始进行监管，则会出现无需技术加入的人员越来越多。

风投机构的行家 Justin Hall 则表示："token 是不能被稀释的，通常也没有投票权，甚至和企业的联系也是很少的。它们既不是债务，也不是股票，也就是说既不需要在一定时间内强制偿还，也不会为投资者带来股东应有的权利。"

其实，数字货币业内对引入监管的反对声音是很大的，业内人士认为监管的引入会破坏数字货币最大的优点——私密性。Hall 表示："在这些人看来，法定货币是被腐蚀了的，因为有央行和各国政府的大量干预。数字货币匿名又去中心化，因此没有一个会做出影响这些货币走势的中心。在法定货币上，'信心'是被第三方强制出来的。" Hall 还表示："数字货币是全新的领域，贸然对全新的领域进行监管可能会破坏市场规律导致监管的弊大于利。"

在缺乏监管的市场行为中，投资者们是如何识别 ICO 的呢？ David Te 是 ANX International 的首席财务官，他表示，投资者的想法仅仅是认为这些 token 可以赚钱而已。

目前，由于新加坡和美国的监管引入，很多 ICO 企业已经开始拒绝新加坡和美国的投资者们，其实这对于真正想投资的投资者们来说，并不是真的没有办法解决，专家表示其还可以通过第三方的方式来进行投资。

而说到监管带来的好处，那自然是投资者们无需费心甄别市场产品的好坏，降低了被诈骗的风险，随着投资者资金源源不断涌入，对市场的发展也是有很大好处的。Justin Bailey 是戏众筹平台 Fig 的首席执行官，他表示："数字 token 现在所处的状态就像当年的大淘金时代，大量的不确定性会引来一些不那么好的加入者，而监管则能够带给这个市场所需要的稳定，让真正的创新者们进一步开发 token 和区块链技术，让消费者们受益。"

三、ICO：上有政策，下有对策

2017 年 9 月，央行发布了《中国人民银行中央网信办工业和信息化部工商总局银监会证监会保监会关于防范代币发行融资风险的公告》。央行联合七部委一起发文的情况实属罕见。

在公告中显示，ICO 融资主体通过代币的违规发售、流通，借此向投资者募集比特币等虚拟货币，本质上已经涉及非法集资、金融诈骗、传销等违法活动，正因如此，央行才联合七部委一起出面。

公告发出后，诸多公司"上有政策下有对策"，竟然也玩起了将公司迁至境外再向国内进行发行，或者进行违规期货等方式的变相发币。而在发行过程中起到关键作用的白皮书竟然可以通过一些渠道轻松明码标价购买。

Michael Casey 作为美国麻省理工学院（MIT）斯隆商学院高级讲师和媒体实验室（Media Lab）的高级顾问在一次采访中说“有些项目，白皮书做得潦草至极，网上随便找了几个行业专家放在顾问的名单中，有些连照片都对不上”，因为他发现自己的名字被用在了很多从未听说过的项目上。

一位 ICO 的区块链项目的创始人描述数字货币其实是处在投机性泡沫中，“未来 12 到 18 个月会有大批项目倒掉，除了连白皮书都不看就投资的人，多数投资人对这些风险心知肚明。”他如是说道。

因为区块链的专业性导致不光很多普通人不能加以分析，很多监管机构也不能对其加以监管。面对难以监控的币圈的混乱现象，中国之声《新闻纵横》援引邓教授表示，“区块链或者数字货币有非常典型的全球化特征，导致在物理空间单纯禁止没有效果，所以是否思考微调一下监管规则，绝对不允许做公募，诈骗绝对要刑法打击，但如果是私募又是真实创业，可否有些特殊渠道，比如由专门的某个机构审批，避免监管的窘迫状况，这个东西值得再思考。”

四、纽约州局长的观点

因为 ICO 的火爆程度越来越高，监管机构对其的关注也越来越多。纽约州金融服务局是全球第一个对比特币进行监管的国家机构，担任机构局长的 Benjamin Lawsky 针对 ICO 的火爆发表了言论。

他说：“一个大的问题是，如果 ICO 失控，可能对整个比特币和数字系统形成冲击。”作为一位机构局长同时兼任斯坦福大学王阔计划的访问学者，他对ICO的担心是值得人们重视的。

他告诉观众说“监管者从没有见过像ICO一样火爆的金融产品。”自Benjamin Lawsky担任纽约州金融服务局局长的几年来，他见证了监管条例一步步地更改实施，条例从最初的针对比特币的监管扩展到各种数字货币，包括ICO。所以他的观点客观又真实。

Benjamin Lawsky是在美国拉斯维加斯举行的移动支付及金融服务大会Money2020上说这番话的。会议的与会者们对他的观点非常重视，他们纷纷表达了自己的观点，大致为：ICO的过度市场行为会给整个大行业带来监管冲击。

但是也有争议的声音。有一部分人员表示，这是自然的市场反应。

为此，Benjamin Lawsky表示，美国市场可能会因此出台一些有争议性的并非像国际上那样严格的规定。

事实上，比特币实际上是非货币的数字资产，是网络世界ICO现象中的其中一种，是一个有一定收藏价值的资产类别，它无法成为法定意义上的数字货币。当美国的专业人士将其视为洪水猛兽时，中国的专业人士是怎么看的呢？

五、中国专业人士的观点

中国人民银行数字货币研究所所长姚前在2017年7月的一篇文章中，发表了自己的观点。他表示，数字货币无法有效履行货币的计价单位、媒介和储藏三项基本职能，不具备成为真正货币的条件，我们应在法律上给

ICO 一个说法，建设一个完整有效的监管方案，这样才能促进区块链技术的健康发展。

2017 年 5 月 13 日，在金融四十人论坛的“数字货币的理论基础与中国创新”会上，姚前所长就谢平的《数字货币研究》发表了一篇评审文章，观点非常独到又精彩，我们不妨来看一下。部分原文如下：

以比特币为代表的数字资产，无法有效履行货币的交易媒介、计价单位和价值储藏三项基本职能，自身尚未具备成为真正货币的条件，更别说取代有国家信用背书、具有最高价值信任的法币，所以把它定义为“准”数字货币更为准确。

ICO（Initial Coin Offering，初始数字货币发行）现象无法回避。从制度建设出发，我们应该尽快在法律上给予 ICO 一个说法，一个完整的监管框架，对于促进整个区块链行业健康发展非常重要。可以采取监管沙盒的方式。法定数字货币的内在价值支撑是不能有任何变化的，变化的地方在于货币形态数字化，在于数字发行技术。

多视角分析数字货币

首先，报告敏锐地观察到了互联网经济条件下，“货币创新”这个极具前瞻性的命题。在这样的背景下探讨数字货币，立意格局很高。

其次，报告比较全面地梳理了近段时间的研究文献，把 IMF、BIS、央行的一些报告进行提炼，总结出了主要的观点、结论，体现在定义里，为之后的研究打下了良好的基础。

再次，报告建立了创新货币形态的数字货币与货币基础理论研究之间的关联，尝试运用诸如新货币经济学、货币市场理论等货币经济学新方法，来解释和分析数字货币领域。值得称赞的是，报告从经济学和技术两个维度展开分析，提出了基于时间的区块链去中心化方案。尽管该方案有待商榷，但这是一个很好的尝试。

最后，报告做到了理论联系实际，提出了数字货币创新对货币政策和金融稳定这两项中央银行核心职能的影响，并且探索了由此带来的合规性和监管创新问题。并提出了DLT（分布式账本技术）是否可以支撑未来金融基础设施的问题，为进一步的研究带来启示。

将比特币定义为“准”数字货币更准确

如今数字货币这个话题被炒得很热，人们大都认为比特币就代表数字货币。其实把比特币称为“准”或“类”数字货币较为合适。比特币、以太币等利用区块链技术，解决了数字化支付的技术信任问题，以太币的智能合约技术还可以开启新的商业应用模式。因此前景被投资者普遍看好，但先进技术并不能解决其背后的资产价值信任问题。

BIS、IMF都指出，比特币背后缺乏强大的资产支撑，这样的弱点是致命的。有人也开玩笑说“挖矿是比特币最大的败笔”，尽管从技术角度来说，这是一种创新。这一固有缺陷导致比特币价值不稳，公信力不强，可接受范围有限，容易产生较大的负外部性。所以准确地说，虽然比特币名义上叫“币”，实质上只是一种非货币数字资产。广为人知的“虚拟货币”的定义，所谓的“虚拟”这一限定词，个人理解即为尚不够格之意。

货币是资产，但资产不一定是货币，以比特币为代表的数字资产因流动性水平低、流动性风险高，无法有效履行货币的交易媒介、计价单位和价值贮藏三项基本职能，尚未具备成为真正货币的条件，更遑论取代由国家信用背书、具有最高价值信任的法币。

该部分文字与我们的思路是一致的。目前法定数字货币的产生主要有两种方式，还有一种是扩表方式——中央银行根据货币政策目标的需要，通过资产购买的方式，向市场发行数字货币，扩大央行的资产负债表。当然会有另外的问题出现，前提是要界定合格的资产类型，以适当的数量和价格进行购买。这种方式比较复杂，从某种意义上来说，欧央行提供了一个容易起步、也容易取得大家共识的方案。

需要特别说明的是，虽然法定数字货币天然具有法偿性质，在具备流通环境的条件下，任何人、任何机构不能拒收，但是如前所述，现金或通货本质上是主权国家向公众发行的债务或权益资产，因此在主权国家债务货币化、外债水平过高、违约风险上升的情况下，本国居民也会对本币失去兴趣。在极端情况下，本国现金（包括法定数字货币）也可能失去货币的资格，这也不是危言耸听。反过来说，如何科学决定并调控数字货币发行量，以确保币值稳定，应该成为央行发行法定数字货币最重要的考量，也会成为不同货币当局在数字经济时代展开数字货币竞争的关键所在。

六、美国证券交易委员会的调查

尽管在监管方面一切似乎都很平静，但这可能只是暴风雨前的宁静。据《华尔街日报》报道，美国证券交易委员会（SEC）正在对ICO项目进行广泛调查，其中一项是向区块链初创公司发放大量的传票和信息报告要求。美国证券交易委员会显然想要深入了解包括ICO在内的数字货币市场的更多相关信息。

证券监管机构一直在加大对ICO项目的探讨，称其可能违反了证券法，现在他们正在采取行动。在《华尔街日报》的报告出炉后不久，比特币的价格下跌了约3%。

ICO是一个价值数十亿美元的市场，2017年通过ICO所募集的资金约为56亿—65亿美元。到2018年，Telegram的目标是创造数十亿美元的收益。SEC主席Jay Clayton早些时候表示："我相信我所看到的每一个代币都是安全的，这应该会让区块链初创公司的创始人感到震惊，因为他们选择给他们的代币贴上实用标签，而不是安全标签。"

一个工具代币应该有一个特定的应用程序与数字货币生态系统进行绑定，以进行代币销售。例如，一个游戏项目，其代币可以用来购买虚拟商品。但是，很少有"实用"代币是因为当投资者开始猜测代币本身的价值时，这就是让监管机构感到担忧的灰色地带。

七、交易结构

据《华尔街日报》报道，在传票方面，美国证券交易委员会（SEC）正在向发行人索要代币销售和ICO项目结构等相关信息。尽管ICO和首次公开募股（IPO）都是融资方式，但前者的监管更加宽松。如果能要求ICO发行方在白皮书中披露项目的更多细节，并且必须向监管机构注册，这将减缓融资过程。

与此同时，网络安全顾问、美国前证交会官员Reed Stark早些时候便告诉彭博社，除了ICO发行公司，那些被发现违反公司证券法的初创公司同样面临着被监管机构清理的风险。

美国证券交易委员会2017年建立了新的数字货币工作组，旨在检查新进入市场的数字货币。监管机构此前建议对那些违反联邦证券法的ICO项目采取强制措施。

尽管中外专业人士都发表了自己的观点，但一直以来，对于ICO的监管都是只闻其声不见其策。而最近《华尔街日报》刊登了一篇文章，让我们看到了其被监管的概率在显著增加。

这篇文章报道的是关于美国证券交易委员会（SEC）正在对ICO项目进行广泛调查的新闻。文章称，因为此类项目可能违反了公司证券法，所以美国证券交易委员会已向发行人索要ICO项目结构和代币销售的相关信息，旨在对加密数字货币进行规范和管理。

很显然，因为担心其本身价值可能是监管的灰色地带，所以令监管的出台变得很有必要。而就在这篇文章报道后不久，比特币就下跌了3%的价格，这不得不让人感叹美国证券交易委员会监管的威力。

当美国对ICO加大监管力度时，澳大利亚也毫不含糊。2017年9月，由澳大利亚证券与投资委员会发布的一份信息表，表达出澳大利亚对ICO发起人的警告，即不要对投资者采取任何欺骗性和误导性的行为。

澳大利亚证券与投资委员会的一位专员称这将是以后工作的重点。他表示："有一种看法认为，澳大利亚的规定不适用海外发行的ICO项目。如果你在这里做生意，向澳大利亚人出售一些东西，包括向澳大利亚消费者发行证券或代币，我们的法律就可以适用。"

"但是，我想强调的是，我们面对的是一群真实的人和实实在在的金钱，证券与投资委员会对ICO项目和数字货币的支持，不能以牺牲基本的消费者保护为代价，监管机构将重点关注该领域的误导性宣传和欺骗行为。"这位官员如是说。

第五节　区块链创业狂潮

一、区块链技术成就的数字身份安全公司 Civic

无论数字货币为人们带来了怎样的好与坏，我们都不得不承认，与数字货币相关的区块链技术，正在改变我们的生活。而与区块链技术相关的企业，也因为区块链技术而发展得红红火火。

早在 2015 年，一批投资公司就活跃在区块链领域。这其中包括著名的 Social Leverage 风投公司、Pantera Capital、Blockchain Capital、数字货币集团（Digital Currency Group）等 VC 公司。

2016 年 1 月，在美国的加州帕罗奥图，数字身份安全公司 Civic 进行了一轮融资。领头方便是 Social Leverage 风投公司，在这次融资中，Civic

获得了 275 万美元的种子基金。Social Leverage 之所以愿意投资他们，正是因为看中了他们的区块链技术。

比特币基金会董事会成员 Vinny Lingham 表示，这家公司以保护美国社保账号的在线安全的解决方案为重点，计划于 2018 年正式上线。

Vinny Lingham 还告诉记者："你的身份信息就在那里，不管你喜欢还是讨厌。当前存在的漏洞实在太多。在暗网上，坏人可能使用你的信息来制造假户口，申请信用卡并贷款，这是一个巨大的问题，也是非常荒谬的。而 Civic 的目标，就是确保你的社保号的安全。"

Vinny Lingham 是区块链和比特币行业的长期倡导者，早在 2013 年，他就已经将比特币支付整合到 Gyft。Vinny Lingham 鼓励新公司利用区块链技术建立礼品卡技术，如果可能，自己也会参与。

"区块链会扮演保障数据安全的角色，区块链可能是当下存储信息最安全的地方，"Vinny Lingham 说。然而，他也提醒说，公司在提供好的用户体验的同时，能让消费者更好地控制自己的个人信息，这才是最为重要的。

Vinny Lingham 说："你在手机上安装一个应用，当有人试图通过你的网络来使用你的社保号（SSN）时，你会得到一个警报。没有人可以使用你的身份来打开账户。"

这是安全模式的一种新型技术，它可以在社保号被建立新账户之前就勘察到账户情况。Vinny Lingham 说："我们使用了所有行业的最佳做法，从高层次的防卫措施到密码学加密，"他说，"从理论上来讲，你可以将自己的社保号打印在自己的名片上，而他人也无法使用。"

而这，也恰好是区块链技术的魅力所在！

二、VC 投资者们的态度

每一次面对新的领域都会有很多人蜂拥而上，但是只有在了解之后才能真正确定是否需要继续重金投资。而区块链技术现在就处于被研究的阶段，不会被当成重点进行投资，待人们对区块链技术研究完毕，探究清楚，投资人员才会真正选择是否选择投资。值得一提的是，很多 B、C 轮融资阶段的我国创业公司已经通过区块链技术向加密货币投资基金进行募资了，这种自发性的行为值得高兴。

“一些技术团队相信这是行业发展的趋势，在很早的时间就开始准备了。他们并没有把 ICO、区块链当作主要的发展路径，只是在那个节点上发现了区块链技术和既有业务融合的可能、希望可以通过区块链技术解决业务中的一些问题。”戈壁创投管理合伙人徐晨分析说。

“硅谷很多已经完成 A 轮股权融资的创业公司，在 B 轮融资的时候要么选择‘数字币 + 法币’的方式，要么直接融数字币，这是非常明显的趋势。其他国家比如新加坡、日本、韩国、加拿大、欧洲国家和地区也都是类似的情况。”人工智能公司 ObEN 的联合创始人兼 COO 郑毅告诉记者。

郑毅还分析说，通过新兴数字货币基金面向全球募资，理论上是可行的，也就是说中国的项目可以去亚洲的任何国家进行融资，在项目实行时，数字货币可以在全球范围流通，可以实现使用全球的资金去解决当地自已的需求。

“数字化产品做全球创业的可操作性还强一些。如果主营业务是服务实体经济的，无论以哪种方式进行资金募集，都会把精力放在本土市场。”溯源链创始人王鹏飞表示。

戈壁创投管理合伙人徐晨也说："市场上的区块链投资基金多数是投币的。这类基金类似对冲基金，或者打新股基金，募集、投资流程与股权基金是不同的，基本就是'投行'带着项目过来——类似公司上市前的路演，不会给投资人太多时间进行尽调，决策需要特别快。"

面对当前的区块链热潮，VC 投资人分化出两种不同的态度，一种是支持并愿意投资区块链，一种则是对区块链现象不屑一顾甚至是排斥。在持排斥态度的投资人看来，ICO 的出现令许多创业者变得浮躁，打破了应有的价值理念；持支持态度的投资者则认为区块链技术是未来尖端技术，我们要热情拥抱区块链技术。

而在硅谷市场上，一些主流 VC 机构则悄悄展开了加密货币基金的试水。比如同意使用数字货币进行融资的 Poly Chain 数字币基金。它成立于 2016 年，曾获得 Andreessen Horowitz、Boost VC、Union Square Ventures、Founders Fund 和红杉资本在内的硅谷知名投资机构支持。

三、硬件圈的态度

从 2015 年到 2016 年，智能 wifi 隐去锋芒，这让硬件圈的人们有些失落。然而区块链技术的出现，又给了人们一个巨大的希望，很多人希望凭借着 ICO 这股热潮打个漂亮的翻身仗，刘登丰就是其中一位。

刘登丰毕业于中国气象科学研究院，硕士学位，毕业后一直从事软件开发工作。在刘登丰带领团队创立的 apfree 商业智能 WiFi 项目失败后，他发现区块链技术和 wifi 挖矿可以很好地结合，便开始做起了研究。

刘登丰说："我们要做的东西，瞄准纯粹开源。"

"目前，在区块链领域，比特币开源项目是经过了时间检验的最稳定的平台。我们想把比特币的道路依托智能 WiFi 算力平台重新走一遍。"

简单来说，WiFicoin 区块链项目是一个基于比特币上的分叉开源项目，通过整合区块链主链、用户钱包、矿池矿工项目，并在这些项目做深度修改和调整，从而构建一个基于智能 WiFi 的完整区块链项目。

要知道，智能 wifi 设备用户基数庞大、在线时间长、位置准确，是一个较为稳定的算力平台。如果能在 wificoin 区块链项目的带动下升级其算力，致使整个行业的升级，这其中的机会将会是非常惊人的。要知道，智能 WiFi 矿机的算力升级是抵御算力攻击最好的手段。一旦智能 wifi 通过 POW 机制和挖矿模式满足用户的需求，以此来使算力升级，将会使开发者轻松地开发各种应用。

"后期，为了保证出块，会对算法做相应调整。考虑到算力攻击问题，还会做一些软分叉。"刘登丰也对项目前景提出了希冀，"如果最后参与的人越来越多，最终形成一种生态的话，盈利点还是非常多的。"

在未来，一定会有更多的硬件圈的人士因为区块链的技术而转身投入到区块链技术的怀抱。